카툰과 함께하는 신개념 교리 학습서

카툰 묵상 소교리문답

[확대 개정판]

세움북스 는 기독교 가치관으로 교회와 성도를 건강하게 세우는 바른 책을 만들어 갑니다.

[확대 개정판]
카툰과 함께하는 신개념 교리 학습서
카툰묵상 소교리문답

개정판 1쇄 인쇄 2021년 9월 25일
개정판 1쇄 발행 2021년 9월 30일

지은이 ㅣ 김태균
펴낸이 ㅣ 강인구

펴낸곳 ㅣ 세움북스
등 록 ㅣ 제2014-000144호
주 소 ㅣ 서울시 종로구 삼일대로 428(낙원동) 낙원상가 5층 500-8호
전 화 ㅣ 02-3144-3500
팩 스 ㅣ 02-6008-5712
이메일 ㅣ cdgn@daum.net

디자인 ㅣ 참디자인

ISBN 979-11-91715-09-5 (03230)

카툰과 함께하는 신개념 교리 학습서

카·툰·묵·상
소교리문답

[확대 개정판]

김태균 지음

두 배 더 많은 카툰으로 두 배 더 풍성하게

　세움북스를 통해 출간된 《카툰묵상 소교리문답》(2018.06.30)을 본 고신 교단 월간지 편집자 한 분이 2019년 여름에 만화 연재를 제의해 주셨습니다. 저에게는 더할 나위 없는 좋은 기회라서 두 번 생각하지도 않고 수락했었습니다. 2020년부터 2021년, 매달 정해진 연재 분량(24컷)을 소화하다 보니, 무엇인가를 그림으로 설명하는 일에 전보다 익숙해졌습니다. 그렇게 1년 가까이 작업을 하고 나서 《카툰묵상 소교리문답》을 들여다보니 예전에 카툰으로 충분히 담아내지 못했던 부분들이 보였고, 그에 대한 해법들이 떠올랐습니다. 그래서 곧장 개정판 샘플을 만들어 세움북스(강인구 대표)에 연락했습니다. 이내 출판사로부터 개정에 대한 동의를 받은 후, 새것을 만든다는 각오로 작업에 임했습니다.

　개정판 작업에서는 이전에 설정해 두었던 '한 문항에 카툰 하나'의 원칙을 포기했습니다. 이 원칙은 제가 운영하는 그림묵상 계정에 게시하기 위해 나름 정해둔 것인데, 이 설정에서 생기는 한계 때문에 첫 작업물에서는 충분한 설명을 담지 못했던 것 같습니다. 그래서 이 제한을 풀고 필요에 따라 두세 컷으로 카툰 양을 늘려 작업하니, 이전보다 설명 그림을 그리기가 수월했습니다. 덕분에 이전 작업에서 미진하다고 생각했던 점들을 대부분 보충 및 수정할 수 있었습니다. 언젠가 카툰 양에 대해 아쉬움을 토로하는 리뷰를 본 적이 있어서 설명 그림을 늘리고 싶다는 생각이 있었는데, 작업 설정 원칙을 포기했더니 자연스럽게 만화 분량이 두 배 이상 늘어났습니다. 출판사에 보내기 전, 교정을 위해 출력해 놓은 묶음을 보며 '책이 전보다 친절해진 것 같은데?'라고 생각하면서 혼자 흐뭇해했습니다.

제가 생각하는 개정판의 장점은 추가된 이미지들로 인해 한층 더 읽기 수월해졌다는 것입니다. 설명 그림들이 전보다 더 추가되어서 부담을 좀 덜어낸 상태로 읽을 수 있게 되었습니다. 소교리 문답은 반복해서 읽으며 내용을 숙지하기만 해도 도움이 되는데, 이 책이 교리에 대한 심리적인 장벽을 낮추어 교리 학습에 첫걸음이 될 수 있다면 매우 기쁠 것 같습니다.

개정판도 초판처럼 세움북스에서 정확한 규격에 편집해 주셨습니다. 그래서 여전히 강의 노트로써 강점이 있습니다. 교리 수업을 하다 보면 설명 그림이나 도해를 사용할 때가 있습니다. 중요한 개념을 설명하는 이미지를 수강생이 노트에 옮겨 그리기가 번거로울 때가 있습니다. 그러나 이 책에 설명 그림이 포함되어 있으니, 강사가 강의에 활용할 수도 있고 교리 수업 수강생도 그림과 여백에 추가 설명을 추가하는 방식으로 자신만의 노트를 만들어 갈 수도 있습니다. 이 책을 노트로 사용해 필요한 부분만 필기하면서 강의를 들어도 내용이 풍성한 나만의 교리 노트가 되지 있지 않을까 생각합니다. 코로나 19 사태로 온라인 교육이 많아진 요즈음, 더더욱 활용도가 높지 않을까 조심스레 가늠해 봅니다.

세움북스를 통해 기회를 주신 하나님께 감사드립니다. 두 번이나 기회를 주신 세움북스 강인구 대표님과 열심히 편집해 주신 이 과장님께도 감사를 드립니다. 사역 현장과 가정에서 요긴하게 사용되기를 기도합니다.

Q 001

사람의 첫째되는 목적은 무엇입니까?

인생의 목적

1위	???
2위	건 강
3위	재 산
	⋮

음..뭐지?

고린도전서 10:31	그런즉 너희가 먹든지 마시든지 무엇을 하든지 다 하나님의 영광을 위하여 하라
로마서 11:36	이는 만물이 주에게서 나오고 주로 말미암고 주에게로 돌아감이라 그에게 영광이 세세에 있을지어다 아멘
요한계시록 4:11	우리 주 하나님이여 영광과 존귀와 권능을 받으시는 것이 합당하오니 주께서 만물을 지으신지라 만물이 주의 뜻대로 있었고 또 지으심을 받았나이다 하더라

고전 10:31 | 롬 11:36 | 계 4:11
시 73:25-28 | 벧전 1:8 | 롬 15:13

A 사람의 첫째되는 목적은 하나님을 영화롭게 하고, 그분을 영원토록 즐거워하는 것입니다.

시편 73:25-28	하늘에서는 주 외에 누가 내게 있으리요 땅에서는 주 밖에 내가 사모할 이 없나이다 내 육체와 마음은 쇠약하나 하나님은 내 마음의 반석이시요 영원한 분깃이시라 무릇 주를 멀리하는 자는 망하리니 음녀 같이 주를 떠난 자를 주께서 다 멸하셨나이다 하나님께 가까이 함이 내게 복이라 내가 주 여호와를 나의 피난처로 삼아 주의 모든 행적을 전파하리이다
베드로전서 1:8	예수를 너희가 보지 못하였으나 사랑하는도다 이제도 보지 못하나 믿고 말할 수 없는 영광스러운 즐거움으로 기뻐하니
로마서 15:13	소망의 하나님이 모든 기쁨과 평강을 믿음 안에서 너희에게 충만하게 하사 성령의 능력으로 소망이 넘치게 하시기를 원하노라

Q 002

하나님께서 우리에게 무슨 법칙을 주셔서
그분을 영화롭게 하고
즐거워하게 하셨습니까?

디모데후서 3:15	또 어려서부터 성경을 알았나니 성경은 능히 너로 하여금 그리스도 예수 안에 있는 믿음으로 말미암아 구원에 이르는 지혜가 있게 하느니라
베드로후서 1:20-21	먼저 알 것은 성경의 모든 예언은 사사로이 풀 것이 아니니 예언은 언제든지 사람의 뜻으로 낸 것이 아니요 오직 성령의 감동하심을 받은 사람들이 하나님께 받아 말한 것임이라
디모데후서 3:16	모든 성경은 하나님의 감동으로 된 것으로 교훈과 책망과 바르게 함과 의로 교육하기에 유익하니
시편 1:2	오직 여호와의 율법을 즐거워하여 그의 율법을 주야로 묵상하는도다

딤후 3:15 | 벧후 1:20–21 | 딤후 3:16 | 시 1:2
시 119:77, 92 | 시 119:111, 143 | 렘 5:16

A 구약과 신약 성경에 기록된 하나님의 말씀은 우리가 그분을 영화롭게 하고 즐거워하는 방법을 가르쳐 주는 유일한 법칙입니다.

시편 119:77, 92	주의 긍휼히 여기심이 내게 임하사 내가 살게 하소서 주의 법은 나의 즐거움이니이다 / 주의 법이 나의 즐거움이 되지 아니하였더면 내가 내 고난 중에 멸망하였으리이다
시편 119:111, 143	주의 증거들로 내가 영원히 나의 기업을 삼았사오니 이는 내 마음의 즐거움이 됨이니이다 / 환난과 우환이 내게 미쳤으나 주의 계명은 나의 즐거움이니이다
예레미야 15:16	만군의 하나님 여호와시여 나는 주의 이름으로 일컬음을 받는 자라 내가 주의 말씀을 얻어 먹었사오니 주의 말씀은 내게 기쁨과 내 마음의 즐거움이오나

Q 003

성경은 주로 무엇을 가르칩니까?

하나님은 창조주, 구원자, 통치자, 심판자, 재림주

믿으세요

아~

디모데후서 3:15	또 어려서부터 성경을 알았나니 성경은 능히 너로 하여금 그리스도 예수 안에 있는 믿음으로 말미암아 구원에 이르는 지혜가 있게 하느니라
요한복음 20:31	오직 이것을 기록함은 너희로 예수께서 하나님의 아들 그리스도이심을 믿게 하려 함이요 또 너희로 믿고 그 이름을 힘입어 생명을 얻게 하려 함이니라
요한복음 5:39	너희가 성경에서 영생을 얻는 줄 생각하고 성경을 연구하거니와 이 성경이 곧 내게 대하여 증언하는 것이니라

증거구절

딤후 3:15 | 요 20:31 | 요 5:39
미 6:8 | 롬 15:4 | 고전 10:11

A 성경은 주로 사람이 하나님에 관하여 믿어야 할 바와 하나님께서 사람에게 요구하시는 의무를 가르칩니다.

이렇게 하세요   이렇게요?

미가 6:8	사람아 주께서 선한 것이 무엇임을 네게 보이셨나니 여호와께서 네게 구하시는 것은 오직 정의를 행하며 인자를 사랑하며 겸손하게 네 하나님과 함께 행하는 것이 아니냐
로마서 15:4	무엇이든지 전에 기록된 바는 우리의 교훈을 위하여 기록된 것이니 우리로 하여금 인내로 또는 성경의 위로로 소망을 가지게 함이니라
고린도전서 10:11	그들에게 일어난 이런 일은 본보기가 되고 또한 말세를 만난 우리를 깨우치기 위하여 기록되었느니라

Q 004

하나님은
어떤 분이십니까?

 = 영, 靈, Spirit

요한복음 4:24	하나님은 영이시니 예배하는 자가 영과 진리로 예배할지니라
욥기 11:7–9	네가 하나님의 오묘함을 어찌 능히 측량하며 전능자를 어찌 능히 완전히 알겠느냐 하늘보다 높으시니 네가 무엇을 하겠으며 스올보다 깊으시니 네가 어찌 알겠느냐 그의 크심은 땅보다 길고 바다보다 넓으니라
시편 147:5	우리 주는 위대하시며 능력이 많으시며 그의 지혜가 무궁하시도다
이사야 57:15	지극히 존귀하며 영원히 거하시며 거룩하다 이름하 는 이가 이와 같이 말씀하시되 내가 높고 거룩한 곳에 있으며 또한 통회하고 마음이 겸손한 자와 함께 있나니 이는 겸손한 자의 영을 소생시키며 통회하는 자의 마음을 소생시키려 함이라

증거구절

요 4:24 | 욥 11:7-9 | 시 147:5 | 사 57:15
계 4:8 | 계 15:3-4 | 신 32:4 | 출 34:6-7
창 17:1 | 시 90:2 | 시 102:27 | 시 100:5 | 시 117:2
시 118:1-2 | 말 3:6 | 약 1:17 | 삼상 15:29

A 하나님은 영이신데, 그분의 존재와 지혜와 능력과 거룩과 공의와 선하심과 진실하심이 무한하시며 영원하시고 불변하십니다.

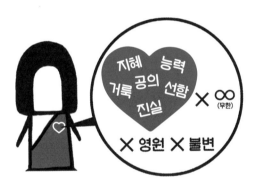

요한계시록 4:8 네 생물은 각각 여섯 날개를 가졌고 그 안과 주위에는 눈들이 가득하더라 그들이 밤낮 쉬지 않고 이르기를 거룩하다 거룩하다 거룩하다 주 하나님 곧 전능하신 이여 전에도 계셨고 이제도 계시고 장차 오실 이시라 하고

요한계시록 15:3-4 하나님의 종 모세의 노래, 어린 양의 노래를 불러 이르되 주 하나님 곧 전능하신 이시여 하시는 일이 크고 놀라우시도다 만국의 왕이시여 주의 길이 의롭고 참되시도다 주여 누가 주의 이름을 두려워하지 아니하며 영화롭게 하지 아니하오리이까 오직 주만 거룩하시니이다 주의 의로우신 일이 나타났으매 만국이 와서 주께 경배하리이다 하더라

신명기 32:4 그는 반석이시니 그가 하신 일이 완전하고 그의 모든 길이 정의롭고 진실하고 거짓이 없으신 하나님이시니 공의로우시고 바르시도다 (이하 생략)

Q 005

하나님 한 분 외에 다른 신들이 더 있습니까?

신명기 6:4	이스라엘아 들으라 우리 하나님 여호와는 오직 유일한 여호와이시니
예레미야 10:10	오직 여호와는 참 하나님이시요 살아 계신 하나님이시요 영원한 왕이시라 그 진노하심에 땅이 진동하며 그 분노하심을 이방이 능히 당하지 못하느니라
요한복음 17:3	영생은 곧 유일하신 참 하나님과 그가 보내신 자 예수 그리스도를 아는 것이 니이다

신 6:4 | 렘 10:10 | 요 17:3 | 고전 8:4

A 살아 계시고 참되신 하나님은 오직 한 분뿐이십니다.

고린도전서 8:4 그러므로 우상의 제물을 먹는 일에 대하여는 우리가 우상은 세상에 아무 것
도 아니며 또한 하나님은 한 분밖에 없는 줄 아노라

Q 006

신격에는 몇 위가 계십니까?

마태복음 28:19	그러므로 너희는 가서 모든 민족을 제자로 삼아 아버지와 아들과 성령의 이름으로 세례를 베풀고
마태복음 3:16-17	예수께서 세례를 받으시고 곧 물에서 올라오실새 하늘이 열리고 하나님의 성령이 비둘기 같이 내려 자기 위에 임하심을 보시더니 하늘로부터 소리가 있어 말씀하시되 이는 내 사랑하는 아들이요 내 기뻐하는 자라 하시니라
고린도후서 13:13	주 예수 그리스도의 은혜와 하나님의 사랑과 성령의 교통하심이 너희 무리와 함께 있을지어다
요한복음 10:30	나와 아버지는 하나이니라 하신대

증거구절

마 28:19 | 마 3:16-17 | 고후 13:13
요 10:30 | 요 5:18, 요 14:9-10 | 요 1:1-3

A 하나님의 신격에는 삼위가 계시며 성부, 성자, 성령이십니다. 그리고 이 삼위는 한 분 하나님이시며 실체에서 같으시며, 능력과 영광에 있어서는 동등하십니다.

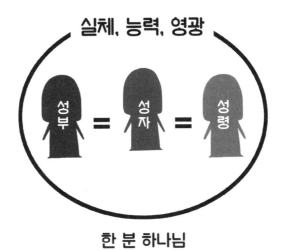

실체, 능력, 영광

성부 = 성자 = 성령

한 분 하나님

요한복음 5:18	유대인들이 이로 말미암아 더욱 예수를 죽이고자 하니 이는 안식일을 범할 뿐만 아니라 하나님을 자기의 친 아버지라 하여 자기를 하나님과 동등으로 삼으심이러라
요한복음 14:9-10	예수께서 이르시되 빌립아 내가 이렇게 오래 너희와 함께 있으되 네가 나를 알지 못하느냐 나를 본 자는 아버지를 보았거늘 어찌하여 아버지를 보이라 하느냐 내가 아버지 안에 거하고 아버지는 내 안에 계신 것을 네가 믿지 아니하느냐 내가 너희에게 이르는 말은 스스로 하는 것이 아니라 아버지께서 내 안에 계셔서 그의 일을 하시는 것이라
요한복음 1:1-3	태초에 말씀이 계시니라 이 말씀이 하나님과 함께 계셨으니 이 말씀은 곧 하나님이시니라 그가 태초에 하나님과 함께 계셨고 만물이 그로 말미암아 지은 바 되었으니 지은 것이 하나도 그가 없이는 된 것이 없느니라

Q 007

하나님의 작정이란 무엇입니까?

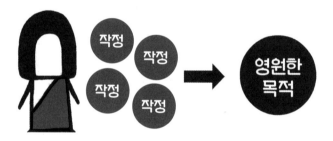

에베소서 1:4, 5, 11	곧 창세 전에 그리스도 안에서 우리를 택하사 우리로 사랑 안에서 그 앞에 거룩하고 흠이 없게 하시려고 / 그 기쁘신 뜻대로 우리를 예정하사 예수 그리스도로 말미암아 자기의 아들들이 되게 하셨으니 / 모든 일을 그의 뜻의 결정대로 일하시는 이의 계획을 따라 우리가 예정을 입어 그 안에서 기업이 되었으니
사도행전 2:23	그가 하나님께서 정하신 뜻과 미리 아신 대로 내준 바 되었거늘 너희가 법 없는 자들의 손을 빌려 못 박아 죽였으나
사도행전 4:27-28	과연 헤롯과 본디오 빌라도는 이방인과 이스라엘 백성과 합세하여 하나님께서 기름 부으신 거룩한 종 예수를 거슬러 하나님의 권능과 뜻대로 이루려고 예정하신 그것을 행하려고 이 성에 모였나이다

증거구절

엡 1:4, 5, 11 | 행 2:23 | 행 4:27-28
엡 2:10 | 롬 9:22-23 | 롬 11:36

A 하나님의 작정이란 자기 뜻의 협의를 따라 정하신 영원한 목적인데, 그것으로써 하나님은 일어날 모든 일들을 자기 영광을 위하여 미리 정하셨습니다.

작정

에베소서 2:10   우리는 그가 만드신 바라 그리스도 예수 안에서 선한 일을 위하여 지으심을 받은 자니 이 일은 하나님이 전에 예비하사 우리로 그 가운데서 행하게 하려 하심이니라

로마서 9:22-23   만일 하나님이 그의 진노를 보이시고 그의 능력을 알게 하고자 하사 멸하기로 준비된 진노의 그릇을 오래 참으심으로 관용하시고 또한 영광 받기로 예비하신 바 긍휼의 그릇에 대하여 그 영광의 풍성함을 알게 하고자 하셨을지라도 무슨 말을 하리요

로마서 11:36   이는 만물이 주에게서 나오고 주로 말미암고 주에게로 돌아감이라 그에게 영광이 세세에 있을지어다 아멘

Q 008

하나님께서 자기의 작정들을 어떻게 이루십니까?

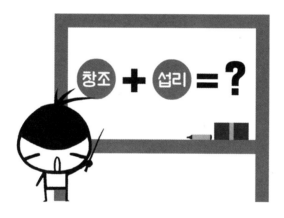

물을 지으신지라 만물이 주의 뜻대로 있었고 또 지으심을 받았나이다 하더라

에베소서 1:11 모든 일을 그의 뜻의 결정대로 일하시는 이의 계획을 따라 우리가 예정을 입어 그 안에서 기업이 되었으니

계 4:11 | 엡 1:11 | 단 4:35 | 욥 23:14

A 하나님께서 창조와 섭리의 사역들로 자기의 작정들을 이루십니다.

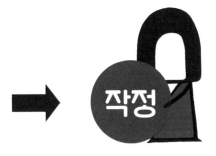

다니엘 4:35   땅의 모든 사람들을 없는 것 같이 여기시며 하늘의 군대에게든지 땅의 사람에
게든지 그는 자기 뜻대로 행하시나니 그의 손을 금하든지 혹시 이르기를 네가
무엇을 하느냐고 할 자가 아무도 없도다

욥기 23:14   그런즉 내게 작정하신 것을 이루실 것이라 이런 일이 그에게 많이 있느니라

Q 009

창조의 사역은 무엇입니까?

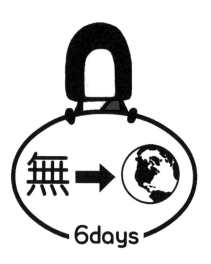

히브리서 11:3	믿음으로 모든 세계가 하나님의 말씀으로 지어진 줄을 우리가 아나니 보이는 것은 나타난 것으로 말미암아 된 것이 아니니라
시편 33:6, 9	여호와의 말씀으로 하늘이 지음이 되었으며 그 만상을 그의 입 기운으로 이루었도다 그가 말씀하시매 이루어졌으며 명령하시매 견고히 섰도다
요한복음 1:3	만물이 그로 말미암아 지은 바 되었으니 지은 것이 하나도 그가 없이는 된 것이 없느니라
창세기 1:1, 3, 6, 9	태초에 하나님이 천지를 창조하시니라 / 하나님이 이르시되 빛이 있으라 하시니 빛이 있었고 / 하나님이 이르시되 물 가운데에 궁창이 있어 물과 물로 나뉘라 하시고 / 하나님이 이르시되 천하의 물이 한 곳으로 모이고 뭍이 드러나라 하시니 그대로 되니라

히 11:3 | 시 33:6, 9 | 요 1:3 | 창 1:1, 3, 6, 9
계 4:11 | 골 1:16-17 | 창 1:4, 10, 12 | 전 7:8

A 창조의 사역은 하나님께서 엿새 동안에 자기의 능력의 말씀으로 아무 것도 없는 데서 만물을 지으신 것인데, 모든 것을 매우 좋게 만드신 것 입니다.

요한계시록 4:11	우리 주 하나님이여 영광과 존귀와 권능을 받으시는 것이 합당하오니 주께서 만물을 지으신지라 만물이 주의 뜻대로 있었고 또 지으심을 받았나이다 하더라
골로새서 1:16-17	만물이 그에게서 창조되되 하늘과 땅에서 보이는 것들과 보이지 않는 것들과 혹은 왕권들이나 주권들이나 통치자들이나 권세들이나 만물이 다 그로 말미 암고 그를 위하여 창조되었고 또한 그가 만물보다 먼저 계시고 만물이 그 안 에 함께 섰느니라
창세기 1:4, 10, 12	빛이 하나님이 보시기에 좋았더라 하나님이 빛과 어둠을 나누사 / 하나님이 뭍을 땅이라 부르시고 모인 물을 바다라 부르시니 하나님이 보시기에 좋았더 라 / 땅이 풀과 각기 종류대로 씨 맺는 채소와 각기 종류대로 씨 가진 열매 맺 는 나무를 내니 하나님이 보시기에 좋았더라
전도서 7:8	일의 끝이 시작보다 낫고 참는 마음이 교만한 마음보다 나으니

Q 010

하나님은 사람을 어떻게 창조하셨습니까?

창세기 1:27	하나님이 자기 형상 곧 하나님의 형상대로 사람을 창조하시되 남자와 여자를 창조하시고
창세기 1:26	하나님이 이르시되 우리의 형상을 따라 우리의 모양대로 우리가 사람을 만들고 그들로 바다의 물고기와 하늘의 새와 가축과 온 땅과 땅에 기는 모든 것을 다스리게 하자 하시고
골로새서 3:10	새 사람을 입었으니 이는 자기를 창조하신 이의 형상을 따라 지식에까지 새롭게 하심을 입은 자니라
에베소서 4:24	하나님을 따라 의와 진리의 거룩함으로 지으심을 받은 새 사람을 입으라

증거구절

창 1:27 | 창 1:26 | 골 3:10 | 엡 4:24
창 1:28 | 창 2:15 | 시 8:6−8

A 하나님은 사람을 남자와 여자로, 자기의 형상을 따라 지식과 의와 거룩
함으로 창조하시되, 피조물을 다스리게 하셨습니다.

잘 다스려라

네~

창세기 1:28	하나님이 그들에게 복을 주시며 하나님이 그들에게 이르시되 생육하고 번성하여 땅에 충만하라, 땅을 정복하라, 바다의 물고기와 하늘의 새와 땅에 움직이는 모든 생물을 다스리라 하시니라
창세기 2:15	여호와 하나님이 그 사람을 이끌어 에덴 동산에 두어 그것을 경작하며 지키게 하시고
시편 8:6−8	주의 손으로 만드신 것을 다스리게 하시고 만물을 그의 발 아래 두셨으니 곧 모든 소와 양과 들짐승이며 공중의 새와 바다의 물고기와 바닷길에 다니는 것이니이다

Q011

하나님의 섭리의 사역들은 무엇입니까?

마태복음 10:29-31   참새 두 마리가 한 앗사리온에 팔리지 않느냐 그러나 너희 아버지께서 허락하지 아니하시면 그 하나도 땅에 떨어지지 아니하리라 너희에게는 머리털까지 다 세신 바 되었나니 두려워하지 말라 너희는 많은 참새보다 귀하니라

히브리서 1:3   이는 하나님의 영광의 광채시요 그 본체의 형상이시라 그의 능력의 말씀으로 만물을 붙드시며 죄를 정결하게 하는 일을 하시고 높은 곳에 계신 지극히 크신 이의 우편에 앉으셨느니라

마 10:29–31 | 히 1:3 | 시 103:19 | 느 9:6

A 하나님의 섭리의 사역들은 자기가 지으신 모든 피조물들과 그 모든 행동들을 지극히 거룩하고, 지혜롭고, 능력있게 보존하시고 통치하시는 것입니다.

시편 103:19   여호와께서 그의 보좌를 하늘에 세우시고 그의 왕권으로 만유를 다스리시도다

느헤미야 9:6   오직 주는 여호와시라 하늘과 하늘들의 하늘과 일월 성신과 땅과 땅 위의 만물과 바다와 그 가운데 모든 것을 지으시고 다 보존하시오니 모든 천군이 주께 경배하나이다

Q 012

사람이 지음을 받은 지위에 있었을 때,
하나님은 사람을 향해
어떤 특별한 섭리 를 행하셨습니까?

< In The Beginning >

창세기 2:16-17	여호와 하나님이 그 사람에게 명하여 이르시되 동산 각종 나무의 열매는 네가 임의로 먹되 선악을 알게 하는 나무의 열매는 먹지 말라 네가 먹는 날에는 반드시 죽으리라 하시니라
이사야 43:27	네 시조가 범죄하였고 너의 교사들이 나를 배반하였나니
호세아 6:7	그들은 아담처럼 언약을 어기고 거기에서 나를 반역하였느니라

창 2:16-17 │ 사 43:27 │ 호 6:7 │ 롬 5:12 │ 고전 15:22

A 하나님께서 사람을 창조하셨을 때, 완전한 순종을 조건으로 사람과 더불어 생명의 언약을 맺으시고, 선악을 알게 하는 나무의 열매를 먹는 것을 사망의 고통에 의거하여 금하셨습니다.

로마서 5:12	그러므로 한 사람으로 말미암아 죄가 세상에 들어오고 죄로 말미암아 사망이 들어왔나니 이와 같이 모든 사람이 죄를 지었으므로 사망이 모든 사람에게 이르렀느니라
고린도전서 15:22	아담 안에서 모든 사람이 죽은 것 같이 그리스도 안에서 모든 사람이 삶을 얻으리라

Q 013

우리 시조는 창조된 본래의 상태에 계속 머물렀습니까?

창세기 3:6-8

여자가 그 나무를 본즉 먹음직도 하고 보암직도 하고 지혜롭게 할 만큼 탐스럽기도 한 나무인지라 여자가 그 열매를 따먹고 자기와 함께 있는 남편에게도 주매 그도 먹은지라 이에 그들의 눈이 밝아져 자기들이 벗은 줄을 알고 무화과나무 잎을 엮어 치마로 삼았더라 그들이 그 날 바람이 불 때 동산에 거니시는 여호와 하나님의 소리를 듣고 아담과 그의 아내가 여호와 하나님의 낯을 피하여 동산 나무 사이에 숨은지라

고린도후서 11:3

뱀이 그 간계로 하와를 미혹한 것 같이 너희 마음이 그리스도를 향하는 진실함과 깨끗함에서 떠나 부패할까 두려워하노라

A 우리 시조는 자신의 의지의 자유를 지녔으나 하나님께 범죄함으로 창조된 본래의 상태에서 타락하였습니다.

창조　　　타락

로마서 5:12	그러므로 한 사람으로 말미암아 죄가 세상에 들어오고 죄로 말미암아 사망이 들어왔나니 이와 같이 모든 사람이 죄를 지었으므로 사망이 모든 사람에게 이르렀느니라
전도서 7:29	내가 깨달은 것은 오직 이것이라 곧 하나님은 사람을 정직하게 지으셨으나 사람이 많은 꾀들을 낸 것이니라

Q 014

죄는 무엇입니까?

'죄'

순종 80%

요한일서 3:4 죄를 짓는 자마다 불법을 행하나니 죄는 불법이라

요한일서 5:17 모든 불의가 죄로되 사망에 이르지 아니하는 죄도 있도다

요일 3:4 | 요일 5:17

A 죄는 하나님의 율법 가운데 어떤 것을 순종함에 있어 조금이라도 부족하거나 그것을 범하는 것입니다.

'죄'

하나님의 율법

슬쩍

Q 015

우리 시조가 창조된 본래의 상태에서 타락하게 된 죄는 무엇이었습니까?

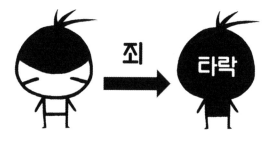

창세기 3:6   여자가 그 나무를 본즉 먹음직도 하고 보암직도 하고 지혜롭게 할 만큼 탐스럽기도 한 나무인지라 여자가 그 열매를 따먹고 자기와 함께 있는 남편에게도 주매 그도 먹은지라

창 3:6 | 창 3:12-13

A 우리 시조가 창조된 본래 상태에서 타락하게 된 죄는 금지된 열매를 먹은 것이었습니다.

창세기 3:12-13 아담이 이르되 하나님이 주셔서 나와 함께 있게 하신 여자 그가 그 나무 열매를 내게 주므로 내가 먹었나이다 여호와 하나님이 여자에게 이르시되 네가 어찌하여 이렇게 하였느냐 여자가 이르되 뱀이 나를 꾀므로 내가 먹었나이다

Q 016

모든 인류가 아담의 첫 범죄로 타락하였습니까?

로마서 5:12-19

그러므로 한 사람으로 말미암아 죄가 세상에 들어오고 죄로 말미암아 사망이 들어왔나니 이와 같이 모든 사람이 죄를 지었으므로 사망이 모든 사람에게 이르렀느니라 죄가 율법 있기 전에도 세상에 있었으나 율법이 없었을 때에는 죄를 죄로 여기지 아니하였느니라 그러나 아담으로부터 모세까지 아담의 범죄와 같은 죄를 짓지 아니한 자들까지도 사망이 왕 노릇 하였나니 아담은 오실 자의 모형이라 그러나 이 은사는 그 범죄와 같지 아니하니 곧 한 사람의 범죄를 인하여 많은 사람이 죽었은즉 더욱 하나님의 은혜와 또한 한 사람 예수 그리스도의 은혜로 말미암은 선물은 많은 사람에게 넘쳤느니라 또 이 선물은 범죄한 한 사람으로 말미암은 것과 같지 아니하니 심판은 한 사람으로 말미암아 정죄에 이르렀으나 은사는 많은 범죄로 말미암아 의롭다 하심에 이름이니라

롬 5:12-19 | 고전 15:22

A 아담과 맺은 언약은 아담 자신뿐만 아니라 그의 후손도 위한 것이었습니다. 따라서, 보통 생육법으로 아담에게서 난 모든 인류는 그 첫 범죄로 아담 안에서 범죄하였고, 그와 함께 타락하였습니다.

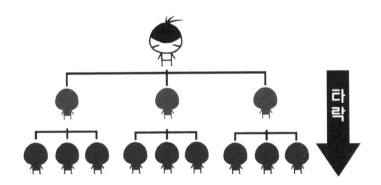

한 사람의 범죄로 말미암아 사망이 그 한 사람을 통하여 왕 노릇 하였은즉 더욱 은혜와 의의 선물을 넘치게 받는 자들은 한 분 예수 그리스도를 통하여 생명 안에서 왕 노릇 하리로다그런즉 한 범죄로 많은 사람이 정죄에 이른 것 같이 한 의로운 행위로 말미암아 많은 사람이 의롭다 하심을 받아 생명에 이르렀느니라한 사람이 순종하지 아니함으로 많은 사람이 죄인 된 것 같이 한 사람이 순종하심으로 많은 사람이 의인이 되리라

고린도전서 15:22 아담 안에서 모든 사람이 죽은 것 같이 그리스도 안에서 모든 사람이 삶을 얻으리라

Q 017

그 타락은 인류를 어떤 상태에 빠지게 하였습니까?

로마서 5:12-21 그러므로 한 사람으로 말미암아 죄가 세상에 들어오고 죄로 말미암아 사망이 들어왔나니 이와 같이 모든 사람이 죄를 지었으므로 사망이 모든 사람에게 이르렀느니라 죄가 율법 있기 전에도 세상에 있었으나 율법이 없었을 때에는 죄를 죄로 여기지 아니하였느니라 그러나 아담으로부터 모세까지 아담의 범죄와 같은 죄를 짓지 아니한 자들까지도 사망이 왕노릇 하였나니 아담은 오실 자의 모형이라 그러나 이 은사는 그 범죄와 같지 아니하니 곧 한 사람의 범죄를 인하여 많은 사람이 죽었은즉 더욱 하나님의 은혜와 또한 한 사람 예수 그리스도의 은혜로 말미암은 선물은 많은 사람에게 넘쳤느니라 또 이 선물은 범죄한 한 사람으로 말미암은 것과 같지 아니하니 심판은 한 사람으로 말미암아 정죄에 이르렀으나 은사는 많은 범죄로 말미암아 의롭다 하심에 이름이니라 한 사람의 범죄로 말미암아 사망이 그 한 사람을 통하여 왕 노릇 하였은즉 더욱 은혜와 의의 선물을 넘치게 받는 자들은 한 분 예수 그리스도를 통하여 생명 안에서 왕 노릇 하리로다 그런즉 한 범죄로 많은 사람이 정죄에 이른 것 같이 한 의로운 행위로 말미암아 많은 사람이 의롭다 하심을 받아 생명에 이르렀느니라 한 사람이 순종하지 아니함으로 많은 사람이 죄인

롬 5:12-21 | 롬 3:10, 18, 23

A 그 타락은 인류를 죄와 비참의 상태에 빠지게 하였습니다.

된 것 같이 한 사람이 순종하심으로 많은 사람이 의인이 되리라 율법이 들어온 것은 범죄를 더하게 하려함이라 그러나 죄가 더한 곳에 은혜가 더욱 넘쳤나니 이는 죄가 사망 안에서 왕 노릇 한 것 같이 은혜도 또한 의로 말미암아 왕 노릇 하여 우리 주 예수 그리스도로 말미암아 영생에 이르게 하려 함이라

로마서 3:10, 18, 23 기록된 바 의인은 없나니 하나도 없으며 깨닫는 자도 없고 하나님을 찾는 자도 없고 다 치우쳐 함께 무익하게 되고 선을 행하는 자는 없나니 하나도 없도다 그들의 목구멍은 열린 무덤이요 그 혀로는 속임을 일삼으며 그 입술에는 독사의 독이 있고 그 입에는 저주와 악독이 가득하고 그 발은 피 흘리는 데 빠른지라 파멸과 고생이 그 길에 있어 평강의 길을 알지 못하였고 / 그들의 눈 앞에 하나님을 두려워함이 없느니라 함과 같으니라 / 모든 사람이 죄를 범하였으매 하나님의 영광에 이르지 못하더니

Q 018

사람이 타락하여 빠지게 된 상태의 죄성은 어떻게 나타납니까?

첫 범죄의 죄책   의의 결핍   본성의 전적 부패
(원죄)

로마서 5:12	그러므로 한 사람으로 말미암아 죄가 세상에 들어오고 죄로 말미암아 사망이 들어왔나니 이와 같이 모든 사람이 죄를 지었으므로 사망이 모든 사람에게 이르렀느니라
로마서 3:10, 20	기록된 바 의인은 없나니 하나도 없으며 / 그러므로 율법의 행위로 그의 앞에 의롭다 하심을 얻을 육체가 없나니 율법으로는 죄를 깨달음이니라
시편 51:5	내가 죄악 중에서 출생하였음이여 어머니가 죄 중에서 나를 잉태하였나이다
창세기 6:5	여호와께서 사람의 죄악이 세상에 가득함과 그의 마음으로 생각하는 모든 계획이 항상 악할 뿐임을 보시고

증거구절

롬 5:12 │ 롬 3:10, 20 │ 시 51:5 │ 창 6:5
약 1:14-15 │ 마 15:19

A 사람이 타락한 상태의 죄성은 아담의 첫 범죄의 죄책, 원래 의의 결핍, 그의 본성 전체가 부패한 것(이것을 일반적으로 원죄라고 부름), 그리고 이 원죄로 부터 나오는 모든 자범죄로 나타납니다.

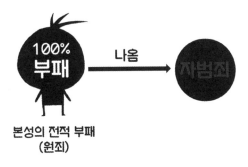

본성의 전적 부패
(원죄)

| 야고보서 1:14-15 | 오직 각 사람이 시험을 받는 것은 자기 욕심에 끌려 미혹됨이니 욕심이 잉태한즉 죄를 낳고 죄가 장성한즉 사망을 낳느니라 |
| 마태복음 15:19 | 마음에서 나오는 것은 악한 생각과 살인과 간음과 음란과 도둑질과 거짓 증언과 비방이니 |

43

Q 019

인류가 타락한 상태의 비참은 무엇입니까?

창세기 3:8, 10, 24	그들이 그 날 바람이 불 때 동산에 거니시는 여호와 하나님의 소리를 듣고 아담과 그의 아내가 여호와 하나님의 낯을 피하여 동산 나무 사이에 숨은지라 / 이르되 내가 동산에서 하나님의 소리를 듣고 내가 벗었으므로 두려워하여 숨었나이다 / 이같이 하나님이 그 사람을 쫓아내시고 에덴 동산 동쪽에 그룹들과 두루 도는 불 칼을 두어 생명 나무의 길을 지키게 하시니라
에베소서 2:3	전에는 우리도 다 그 가운데서 우리 육체의 욕심을 따라 지내며 육체와 마음의 원하는 것을 하여 다른 이들과 같이 본질상 진노의 자녀이었더니
갈라디아서 3:10	무릇 율법 행위에 속한 자들은 저주 아래에 있나니 기록된 바 누구든지 율법책에 기록된 대로 모든 일을 항상 행하지 아니하는 자는 저주 아래에 있는 자라 하였음이라

증거구절

창 3:8, 10, 24 | 엡 2:3 | 갈 3:10
롬 3:16 | 롬 6:23 | 마 25:41

A 타락으로 말미암아 모든 인류는 하나님과의 교제를 상실하였으며, 그분의 진노와 저주 아래 있게 되어 현세의 모든 비참과 죽음과 영원한 지옥 형벌을 받게 되었습니다.

로마서 3:16	파멸과 고생이 그 길에 있어	
로마서 6:23	죄의 삯은 사망이요 하나님의 은사는 그리스도 예수 우리 주 안에 있는 영생이니라	
마태복음 25:41	또 왼편에 있는 자들에게 이르시되 저주를 받은 자들아 나를 떠나 마귀와 그 사자들을 위하여 예비된 영원한 불에 들어가라	

Q 020

하나님은 모든 인류를 죄와 비참의 상태에서 멸망하도록 버려두셨습니까?

에베소서 1:4-7	곧 창세 전에 그리스도 안에서 우리를 택하사 우리로 사랑 안에서 그 앞에 거룩하고 흠이 없게 하시려고 그 기쁘신 뜻대로 우리를 예정하사 예수 그리스도로 말미암아 자기의 아들들이 되게 하셨으니 이는 그가 사랑하시는 자 안에서 우리에게 거저 주시는 바 그의 은혜의 영광을 찬송하게 하려는 것이라 우리는 그리스도 안에서 그의 은혜의 풍성함을 따라 그의 피로 말미암아 속량 곧 죄 사함을 받았느니라
디도서 1:2	영생의 소망을 위함이라 이 영생은 거짓이 없으신 하나님이 영원 전부터 약속하신 것인데

엡 1:4-7 | 딛 1:2 | 롬 3:23-24

A 하나님은 오직 그분의 선하신 뜻을 따라 영원 전부터 어떤 이들을 영생에로 택하시고 은혜 언약을 맺으셔서, 구속자로 말미암아 그들을 죄와 비참의 상태에서 건져 내시고, 구원의 상태에 이르게 하셨습니다.

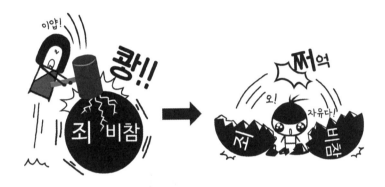

로마서 3:23-24 모든 사람이 죄를 범하였으매 하나님의 영광에 이르지 못하더니 그리스도 예수 안에 있는 속량으로 말미암아 하나님의 은혜로 값 없이 의롭다 하심을 얻은 자 되었느니라

Q 021

하나님께서 택하신 자들의 구속자는 누구십니까?

나쁜이야~

디모데전서 2:5-6 하나님은 한 분이시요 또 하나님과 사람 사이에 중보자도 한 분이시니 곧 사람이신 그리스도 예수라 그가 모든 사람을 위하여 자기를 대속물로 주셨으니 기약이 이르러 주신 증거니라

요한복음 1:14 말씀이 육신이 되어 우리 가운데 거하시매 우리가 그의 영광을 보니 아버지의 독생자의 영광이요 은혜와 진리가 충만하더라

빌립보서 2:6-7 그는 근본 하나님의 본체시나 하나님과 동등됨을 취할 것으로 여기지 아니하시고 오히려 자기를 비워 종의 형체를 가지사 사람들과 같이 되셨고

골로새서 2:9 그 안에는 신성의 모든 충만이 육체로 거하시고

딤전 2:5-6 | 요 1:14 | 빌 2:6-7 | 골 2:9
히 7:24-25 | 히 13:8 | 롬 9:5

A 하나님께서 택하신 자들의 유일한 구속자는 주 예수 그리스도이십니다. 그는 하나님의 영원하신 아들로서 사람이 되셨으며, 그는 과거와 지금 계속해서 영원토록 하나님과 사람이시며, 구별된 두 본성을 가진 한 위격이십니다.

I.D.
- 성자 예수님
- 하나님 아들
(하나님이시며 사람이심)

히브리서 7:24-25	예수는 영원히 계시므로 그 제사장 직분도 갈리지 아니하느니라 그러므로 자기를 힘입어 하나님께 나아가는 자들을 온전히 구원하실 수 있으니 이는 그가 항상 살아 계셔서 그들을 위하여 간구하심이라
히브리서 13:8	예수 그리스도는 어제나 오늘이나 영원토록 동일하시니라
로마서 9:5	조상들도 그들의 것이요 육신으로 하면 그리스도가 그들에게서 나셨으니 그는 만물 위에 계셔서 세세에 찬양을 받으실 하나님이시니라 아멘

Q 022

하나님의 아들이신 그리스도는 어떻게 사람이 되셨습니까?

요한복음 1:14	말씀이 육신이 되어 우리 가운데 거하시매 우리가 그의 영광을 보니 아버지의 독생자의 영광이요 은혜와 진리가 충만하더라
히브리서 2:14	자녀들은 혈과 육에 속하였으매 그도 또한 같은 모양으로 혈과 육을 함께 지니심은 죽음을 통하여 죽음의 세력을 잡은 자 곧 마귀를 멸하시며
마태복음 26:38	이에 말씀하시되 내 마음이 매우 고민하여 죽게 되었으니 너희는 여기 머물러 나와 함께 깨어 있으라 하시고
누가복음 1:31, 35	보라 네가 잉태하여 아들을 낳으리니 그 이름을 예수라 하라 / 천사가 대답하여 이르되 성령이 네게 임하시고 지극히 높으신 이의 능력이 너를 덮으시리니 이러므로 나실 바 거룩한 이는 하나님의 아들이라 일컬어지리라

증거구절

요 1:14 | 히 2:14 | 마 26:38 | 눅 1:31, 35
갈 4:4 | 히 4:15 | 히 7:26

A 하나님의 아들이신 그리스도는 참된 몸과 이성 있는 영혼을 스스로 취하셔서 사람이 되셨는데, 성령의 능력으로 동정녀 마리아에게 잉태되어 태어나셨으나, 죄는 없으십니다.

갈라디아서 4:4 때가 차매 하나님이 그 아들을 보내사 여자에게서 나게 하시고 율법 아래에 나게 하신 것은

히브리서 4:15 우리에게 있는 대제사장은 우리의 연약함을 동정하지 못하실 이가 아니요 모든 일에 우리와 똑같이 시험을 받으신 이로되 죄는 없으시니라

히브리서 7:26 이러한 대제사장은 우리에게 합당하니 거룩하고 악이 없고 더러움이 없고 죄인에게서 떠나 계시고 하늘보다 높이 되신 이라

Q 023

그리스도께서 우리의 구속자로서 무슨 직분을 수행하십니까?

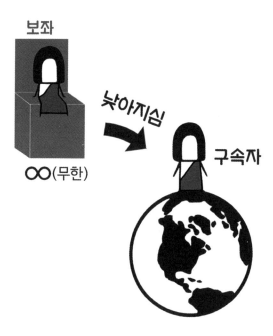

보좌

낮아지심

∞(무한)

구속자

사도행전 3:22-23	모세가 말하되 주 하나님이 너희를 위하여 너희 형제 가운데서 나 같은 선지자 하나를 세울 것이니 너희가 무엇이든지 그의 모든 말을 들을 것이라 누구든지 그 선지자의 말을 듣지 아니하는 자는 백성 중에서 멸망 받으리라 하였고
히브리서 4:14-15	그러므로 우리에게 큰 대제사장이 계시니 승천하신 이 곧 하나님의 아들 예수 시라 우리가 믿는 도리를 굳게 잡을지어다 우리에게 있는 대제사장은 우리의 연약함을 동정하지 못하실 이가 아니요 모든 일에 우리와 똑같이 시험을 받으신 이로되 죄는 없으시니라
히브리서 5:5-6	또한 이와 같이 그리스도께서 대제사장 되심도 스스로 영광을 취하심이 아니요 오직 말씀하신 이가 그에게 이르시되 너는 내 아들이니 내가 오늘 너를 낳았다 하셨고 또한 이와 같이 다른 데서 말씀하시되 네가 영원히 멜기세덱의 반차를 따르는 제사장이라 하셨으니

행 3:22-23 | 히 4:14-15 | 히 5:5-6
마 21:5 | 계 19:16 | 사 9:6-7 | 시 2:6

A 그리스도께서 우리의 구속자로서 낮아지심과 높아지심의 상태에서 선
지자와 제사장과 왕의 직분을 수행하십니다.

선지자 . 제사장 . 왕

마태복음 21:5 시온 딸에게 이르기를 네 왕이 네게 임하나니 그는 겸손하여 나귀, 곧 멍에 메
는 짐승의 새끼를 탔도다 하라 하였느니라

요한계시록 19:16 그 옷과 그 다리에 이름을 쓴 것이 있으니 만왕의 왕이요 만주의 주라 하였더라

이사야 9:6-7 이는 한 아기가 우리에게 났고 한 아들을 우리에게 주신 바 되었는데 그의 어
깨에는 정사를 메었고 그의 이름은 기묘자라, 모사라, 전능하신 하나님이라,
영존하시는 아버지라, 평강의 왕이라 할 것임이라 그 정사와 평강의 더함이
무궁하며 또 다윗의 왕좌와 그의 나라에 군림하여 그 나라를 굳게 세우고 지
금 이후로 영원히 정의와 공의로 그것을 보존하실 것이라 만군의 여호와의 열
심이 이를 이루시리라

시편 2:6 내가 나의 왕을 내 거룩한 산 시온에 세웠다 하시리로다

Q 024

그리스도께서 선지자직을 어떻게 수행하십니까?

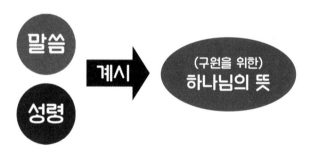

말씀

성령

계시 →

(구원을 위한)
하나님의 뜻

히브리서 1:1-2	옛적에 선지자들을 통하여 여러 부분과 여러 모양으로 우리 조상들에게 말씀하신 하나님이이 모든 날 마지막에는 아들을 통하여 우리에게 말씀하셨으니 이 아들을 만유의 상속자로 세우시고 또 그로 말미암아 모든 세계를 지으셨느니라
요한복음 1:18	본래 하나님을 본 사람이 없으되 아버지 품 속에 있는 독생하신 하나님이 나타내셨느니라
요한복음 17:8	나는 아버지께서 내게 주신 말씀들을 그들에게 주었사오며 그들은 이것을 받고 내가 아버지께로부터 나온 줄을 참으로 아오며 아버지께서 나를 보내신 줄도 믿었사옵나이다

히 1:1-2 | 요 1:18 | 요 17:8 | 벧전 1:12 | 요 15:26

A 그리스도께서 우리를 구원하시기 위한 하나님의 뜻을 그분의 말씀과 성령으로써 우리에게 계시하심으로 선지자직을 수행하십니다.

선지자 역할

말씀

성령

계시

(구원을 위한) 하나님의 뜻

베드로전서 1:12

이 섬긴 바가 자기를 위한 것이 아니요 너희를 위한 것임이 계시로 알게 되었으니 이것은 하늘로부터 보내신 성령을 힘입어 복음을 전하는 자들로 이제 너희에게 알린 것이요 천사들도 살펴 보기를 원하는 것이니라

요한복음 15:26

내가 아버지께로부터 너희에게 보낼 보혜사 곧 아버지께로부터 나오시는 진리의 성령이 오실 때에 그가 나를 증언하실 것이요

Q 025

그리스도께서 제사장직을 어떻게 수행하십니까?

희생, 속상(贖償)

히브리서 9:14, 28 하물며 영원하신 성령으로 말미암아 흠 없는 자기를 하나님께 드린 그리스도의 피가 어찌 너희 양심을 죽은 행실에서 깨끗하게 하고 살아 계신 하나님을 섬기게 하지 못하겠느냐 / 이와 같이 그리스도도 많은 사람의 죄를 담당하시려고 단번에 드리신 바 되셨고 구원에 이르게 하기 위하여 죄와 상관 없이 자기를 바라는 자들에게 두 번째 나타나시리라

로마서 3:25-26 이 예수를 하나님이 그의 피로써 믿음으로 말미암는 화목제물로 세우셨으니 이는 하나님께서 길이 참으시는 중에 전에 지은 죄를 간과하심으로 자기의 의로우심을 나타내려 하심이니 곧 이 때에 자기의 의로우심을 나타내사 자기도 의로우시며 또한 예수 믿는 자를 의롭다 하려 하심이라

히 9:14, 28 | 롬 3:25-26 | 롬 5:10 | 롬 8:34 | 히 7:25

A 그리스도께서 단번에 자기를 희생 제물로 드려 하나님의 공의를 속상(贖償)하시며, 우리를 하나님과 더불어 화목하게 하시고, 우리를 위하여 끊임없이 중보하심으로 제사장직을 수행하십니다.

화목 중보

아버지...

로마서 5:10   곧 우리가 원수 되었을 때에 그의 아들의 죽으심으로 말미암아 하나님과 화목하게 되었은즉 화목하게 된 자로서는 더욱 그의 살아나심으로 말미암아 구원을 받을 것이니라

로마서 8:34   누가 정죄하리요 죽으실 뿐 아니라 다시 살아나신 이는 그리스도 예수시니 그는 하나님 우편에 계신 자요 우리를 위하여 간구하시는 자시니라

히브리서 7:25   그러므로 자기를 힘입어 하나님께 나아가는 자들을 온전히 구원하실 수 있으니 이는 그가 항상 살아 계셔서 그들을 위하여 간구하심이라

Q 026

그리스도께서 왕직을
어떻게 수행하십니까?

빌립보서 2:9-11　이러므로 하나님이 그를 지극히 높여 모든 이름 위에 뛰어난 이름을 주사 하늘에 있는 자들과 땅에 있는 자들과 땅 아래에 있는 자들로 모든 무릎을 예수의 이름에 꿇게 하시고 모든 입으로 예수 그리스도를 주라 시인하여 하나님 아버지께 영광을 돌리게 하셨느니라

고린도전서 15:25-27　그가 모든 원수를 그 발 아래에 둘 때까지 반드시 왕 노릇 하시리니 맨 나중에 멸망 받을 원수는 사망이니라 만물을 그의 발 아래에 두셨다 하셨으니 만물을 아래에 둔다 말씀하실 때에 만물을 그의 아래에 두신 이가 그 중에 들지 아니한 것이 분명하도다

증거구절

빌 2:9-11 | 고전 15:25-27
요 18:37 | 마 28:20 | 사 32:1

A 그리스도께서 우리를 자기에게 복종하게 하시고, 우리를 다스리시고 보호하시며, 자기와 우리의 모든 원수를 억제하시고 정복하심으로 왕직을 수행하십니다.

저 원수를 가둬라!

요한복음 18:37 빌라도가 이르되 그러면 네가 왕이 아니냐 예수께서 대답하시되 네 말과 같이 내가 왕이니라 내가 이를 위하여 태어났으며 이를 위하여 세상에 왔나니 곧 진리에 대하여 증언하려 함이로라 무릇 진리에 속한 자는 내 음성을 듣느니라 하신대

마태복음 28:20 내가 너희에게 분부한 모든 것을 가르쳐 지키게 하라 볼지어다 내가 세상 끝 날까지 너희와 항상 함께 있으리라 하시니라

이사야 32:1 보라 장차 한 왕이 공의로 통치할 것이요 방백들이 정의로 다스릴 것이며

Q 027

그리스도의 낮아지심이란 무엇입니까?

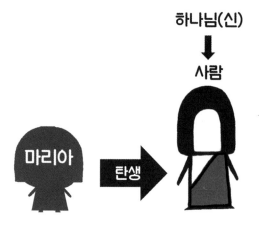

누가복음 2:7	첫아들을 낳아 강보로 싸서 구유에 뉘었으니 이는 여관에 있을 곳이 없음이러라
빌립보서 2:6	그는 근본 하나님의 본체시나 하나님과 동등됨을 취할 것으로 여기지 아니하시고
고린도후서 8:9	우리 주 예수 그리스도의 은혜를 너희가 알거니와 부요하신 이로서 너희를 위하여 가난하게 되심은 그의 가난함으로 말미암아 너희를 부요하게 하려 하심이라
갈라디아서 4:4	때가 차매 하나님이 그 아들을 보내사 여자에게서 나게 하시고 율법 아래에 나게 하신 것은
이사야 53:3	그는 멸시를 받아 사람들에게 버림 받았으며 간고를 많이 겪었으며 질고를 아는 자라 마치 사람들이 그에게서 얼굴을 가리는 것 같이 멸시를 당하였고 우리도 그를 귀히 여기지 아니하였도다

증거구절

눅 2:7 | 빌 2:6 | 고후 8:9 | 갈 4:4 | 사 53:3
마 27:46 | 갈 3:13 | 고전 15:4 | 행 2:24-27, 31

A 그리스도의 낮아지심은 비천한 상태로 탄생하신 것, 율법 아래 나셔서 현세의 비참과 하나님의 진노와 십자가의 저주받은 죽음을 당하신 것, 장사지낸 바 되셔서 얼마 동안 죽음의 권세 아래 머물러 있었던 것입니다.

마태복음 27:46 제구시쯤에 예수께서 크게 소리 질러 이르시되 엘리 엘리 라마 사박다니 하시니 이는 곧 나의 하나님, 나의 하나님, 어찌하여 나를 버리셨나이까 하는 뜻이라

갈라디아서 3:13 그리스도께서 우리를 위하여 저주를 받은 바 되사 율법의 저주에서 우리를 속량하셨으니 기록된 바 나무에 달린 자마다 저주 아래에 있는 자라 하였음이라

고린도전서 15:4 장사 지낸 바 되셨다가 성경대로 사흘 만에 다시 살아나사

사도행전 2:24-27, 31 하나님께서 그를 사망의 고통에서 풀어 살리셨으니 이는 그가 사망에 매여 있을 수 없었음이라다윗이 그를 가리켜 이르되 내가 항상 내 앞에 계신 주를 뵈었음이여 나로 요동하지 않게 하기 위하여 그가 내 우편에 계시도다 그러므로 내 마음이 기뻐하였고 내 혀도 즐거워하였으며 육체도 희망에 거하리니이는 내 영혼을 음부에 버리지 아니하시며 주의 거룩한 자로 썩음을 당하지 않게 하실 것임이로다 / 미리 본 고로 그리스도의 부활을 말하되 그가 음부에 버림이 되지 않고 그의 육신이 썩음을 당하지 아니하시리라 하더니

Q 028

그리스도의 높아지심이란 무엇입니까?

고린도전서 15:4	장사 지낸 바 되셨다가 성경대로 사흘 만에 다시 살아나사
사도행전 1:9	이 말씀을 마치시고 그들이 보는데 올려져 가시니 구름이 그를 가리어 보이지 않게 하더라
로마서 8:34	누가 정죄하리요 죽으실 뿐 아니라 다시 살아나신 이는 그리스도 예수시니 그는 하나님 우편에 계신 자요 우리를 위하여 간구하시는 자시니라
에베소서 1:20	그의 능력이 그리스도 안에서 역사하사 죽은 자들 가운데서 다시 살리시고 하늘에서 자기의 오른편에 앉히사

증거구절

고전 15:4 | 행 1:9 | 롬 8:34 | 엡 1:20
행 1:11 | 행 17:31

A 그리스도의 높아지심은 3일 만에 죽은 자들 가운데서 다시 살아나신 것과 하늘에 오르신 것과 하나님 아버지의 우편에 앉아 계신 것과 마지막 날에 세상을 심판하러 오시는 것입니다.

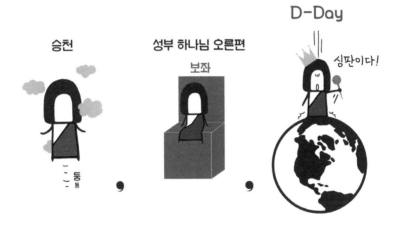

사도행전 1:11 이르되 갈릴리 사람들아 어찌하여 서서 하늘을 쳐다보느냐 너희 가운데서 하늘로 올려지신 이 예수는 하늘로 가심을 본 그대로 오시리라 하였느니라

사도행전 17:31 이는 정하신 사람으로 하여금 천하를 공의로 심판할 날을 작정하시고 이에 그를 죽은 자 가운데서 다시 살리신 것으로 모든 사람에게 믿을 만한 증거를 주셨음이니라 하니라

Q 029

우리는 그리스도께서 사신 구속에 어떻게 참여하는 자가 됩니까?

디도서 3:5-6 우리를 구원하시되 우리가 행한 바 의로운 행위로 말미암지 아니하고 오직 그의 긍휼하심을 따라 중생의 씻음과 성령의 새롭게 하심으로 하셨나니 우리 구주 예수 그리스도로 말미암아 우리에게 그 성령을 풍성히 부어 주사

딛 3:5-6 | 고전 2:10-12

A 우리는 그리스도께서 사신 구속을 그의 성령으로 우리에게 구속을 효력 있게 적용하심으로 말미암아 그 구속에 참여하는 자가 됩니다.

고린도전서 2:10-12 오직 하나님이 성령으로 이것을 우리에게 보이셨으니 성령은 모든 것 곧 하나님의 깊은 것까지도 통달하시느니라 사람의 일을 사람의 속에 있는 영 외에 누가 알리요 이와 같이 하나님의 일도 하나님의 영 외에는 아무도 알지 못하느니라 우리가 세상의 영을 받지 아니하고 오직 하나님으로부터 온 영을 받았으니 이는 우리로 하여금 하나님께서 우리에게 은혜로 주신 것들을 알게 하려 하심이라

Q 030

성령님은 그리스도께서 사신 구속을 어떻게 우리에게 적용합니까?

에베소서 2:8	너희는 그 은혜에 의하여 믿음으로 말미암아 구원을 받았으니 이것은 너희에 게서 난 것이 아니요 하나님의 선물이라
에베소서 3:17	믿음으로 말미암아 그리스도께서 너희 마음에 계시게 하시옵고 너희가 사랑 가운데서 뿌리가 박히고 터가 굳어져서
요한복음 15:5	나는 포도나무요 너희는 가지라 그가 내 안에, 내가 그 안에 거하면 사람이 열 매를 많이 맺나니 나를 떠나서는 너희가 아무 것도 할 수 없음이라

엡 2:8 | 엡 3:17 | 요 15:5 | 고전 1:9 | 롬 6:5

A 성령님이 그리스도께서 사신 구속을 우리에게 적용하시는 것은 우리 안에 믿음을 일으키시고, 또 효력 있는 부르심으로 우리를 그리스도와 연합시키심으로 말미암습니다.

이리와~
구원받기로 정해졌어~

솔깃)

예?

효력있는 부르심   그리스도와 연합

고린도전서 1:9   너희를 불러 그의 아들 예수 그리스도 우리 주와 더불어 교제하게 하시는 하나님은 미쁘시도다

로마서 6:5   만일 우리가 그의 죽으심과 같은 모양으로 연합한 자가 되었으면 또한 그의 부활과 같은 모양으로 연합한 자도 되리라

Q 031

효력있는 부르심이란 무엇입니까?

갈라디아서 3:2, 5   내가 너희에게서 다만 이것을 알려 하노니 너희가 성령을 받은 것이 율법의 행위로냐 혹은 듣고 믿음으로냐 / 너희에게 성령을 주시고 너희 가운데서 능력을 행하시는 이의 일이 율법의 행위에서냐 혹은 듣고 믿음에서냐

사도행전 2:37   그들이 이 말을 듣고 마음에 찔려 베드로와 다른 사도들에게 물어 이르되 형제들아 우리가 어찌할꼬 하거늘

사도행전 26:18   그 눈을 뜨게 하여 어둠에서 빛으로, 사탄의 권세에서 하나님께로 돌아오게 하고 죄 사함과 나를 믿어 거룩하게 된 무리 가운데서 기업을 얻게 하리라 하더이다

에스겔 11:19   내가 그들에게 한 마음을 주고 그 속에 새 영을 주며 그 몸에서 돌 같은 마음을 제거하고 살처럼 부드러운 마음을 주어

에스겔 36:26-27   또 새 영을 너희 속에 두고 새 마음을 너희에게 주되 너희 육신에서 굳은 마음

갈 3:2, 5 | 행 2:37 | 행 26:18 | 겔 11:19
갈 36:26-27 | 요 6:44-45 | 엡 2:5 | 살후 2:13-14

A 효력 있는 부르심은 하나님의 영의 역사로 우리의 죄와 비참을 깨닫게 하시고, 우리의 마음을 밝게 하셔서 그리스도를 알게 하시고, 우리의 의지를 새롭게 하시고, 또 우리를 설득하셔서 복음 안에서 우리에게 값없이 주신 예수 그리스도를 영접할 수 있게 하는 것입니다.

을 제거하고 부드러운 마음을 줄 것이며 또 내 영을 너희 속에 두어 너희로 내 율례를 행하게 하리니 너희가 내 규례를 지켜 행할지라

요한복음 6:44-45 나를 보내신 아버지께서 이끌지 아니하시면 아무도 내게 올 수 없으니 오는 그를 내가 마지막 날에 다시 살리리라 선지자의 글에 그들이 다 하나님의 가르치심을 받으리라 기록되었은즉 아버지께 듣고 배운 사람마다 내게로 오느니라

에베소서 2:5 허물로 죽은 우리를 그리스도와 함께 살리셨고 (너희는 은혜로 구원을 받은 것이라)

데살로니가후서 2:13-14 주께서 사랑하시는 형제들아 우리가 항상 너희에 관하여 마땅히 하나님께 감사할 것은 하나님이 처음부터 너희를 택하사 성령의 거룩하게 하심과 진리를 믿음으로 구원을 받게 하심이니 이를 위하여 우리의 복음으로 너희를 부르사 우리 주 예수 그리스도의 영광을 얻게 하려 하심이니라

Q 032

효력 있는 부르심을 받은 자들은 현세에서 무슨 은덕을 받습니까?

감사합니다~

받아 둬~

칭의
양자됨
성화

로마서 8:30	또 미리 정하신 그들을 또한 부르시고 부르신 그들을 또한 의롭다 하시고 의롭다 하신 그들을 또한 영화롭게 하셨느니라
에베소서 1:5	그 기쁘신 뜻대로 우리를 예정하사 예수 그리스도로 말미암아 자기의 아들들이 되게 하셨으니
고린도전서 1:30	너희는 하나님으로부터 나서 그리스도 예수 안에 있고 예수는 하나님으로부터 나와서 우리에게 지혜와 의로움과 거룩함과 구원함이 되셨으니

롬 8:30 | 엡 1:5 | 고전 1:30 | 롬 8:32

A 효력 있는 부르심을 받은 자들은 현세에서 칭의와 양자됨과 성화에 참여하고, 그리고 현세에서 이것들과 함께 또는 이것들로부터 나오는 여러가지 은덕을 받게 됩니다.

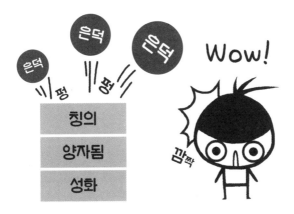

로마서 8:32   자기 아들을 아끼지 아니하시고 우리 모든 사람을 위하여 내주신 이가 어찌 그 아들과 함께 모든 것을 우리에게 주시지 아니하겠느냐

Q 033

칭의란 무엇입니까?

에베소서 1:7	우리는 그리스도 안에서 그의 은혜의 풍성함을 따라 그의 피로 말미암아 속량 곧 죄 사함을 받았느니라
로마서 4:6-8	일한 것이 없이 하나님께 의로 여기심을 받는 사람의 복에 대하여 다윗이 말한 바 불법이 사함을 받고 죄가 가리어짐을 받는 사람들은 복이 있고 주께서 그 죄를 인정하지 아니하실 사람은 복이 있도다 함과 같으니라
고린도후서 5:21	하나님이 죄를 알지도 못하신 이를 우리를 대신하여 죄로 삼으신 것은 우리로 하여금 그 안에서 하나님의 의가 되게 하려 하심이라
로마서 3:22, 24-25	곧 예수 그리스도를 믿음으로 말미암아 모든 믿는 자에게 미치는 하나님의 의니 차별이 없느니라 / 그리스도 예수 안에 있는 속량으로 말미암아 하나님의 은혜로 값 없이 의롭다 하심을 얻은 자 되었느니라 이 예수를 하나님이 그의 피로써 믿음으로 말미암는 화목제물로 세우셨으니 이는 하나님께서 길이 참으시는 중에 전에 지은 죄를 간과하심으로 자기의 의로우심을 나타내려 하심이니

증거구절

엡 1:7 | 롬 4:6-8 | 고후 5:21 | 롬 3:22 | 롬 24-25
롬 3:22 | 롬 5:1 | 행 10:43 | 갈 2:16 | 빌 3:9

A 칭의는 하나님의 값없는 은혜의 행위인데, 그것으로 우리의 모든 죄를 용서하시고 그분의 목전에서 우리를 의로운 자로 받아 주시되, 그리스도의 의 때문에 그렇게 하시는 것입니다. 이 의는 오직 믿음으로 받아들여지며 우리에게 전가됩니다.

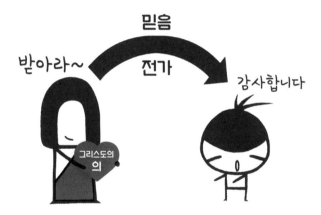

로마서 3:22	곧 예수 그리스도를 믿음으로 말미암아 모든 믿는 자에게 미치는 하나님의 의니 차별이 없느니라
로마서 5:1	그러므로 우리가 믿음으로 의롭다 하심을 받았으니 우리 주 예수 그리스도로 말미암아 하나님과 화평을 누리자
사도행전 10:43	그에 대하여 모든 선지자도 증언하되 그를 믿는 사람들이 다 그의 이름을 힘입어 죄 사함을 받는다 하였느니라
갈라디아서 2:16	사람이 의롭게 되는 것은 율법의 행위로 말미암음이 아니요 오직 예수 그리스도를 믿음으로 말미암는 줄 알므로 우리도 그리스도 예수를 믿나니 이는 우리가 율법의 행위로써가 아니고 그리스도를 믿음으로써 의롭다 함을 얻으려 함이라 율법의 행위로써는 의롭다 함을 얻을 육체가 없느니라
빌립보서 3:9	그 안에서 발견되려 함이니 내가 가진 의는 율법에서 난 것이 아니요 오직 그리스도를 믿음으로 말미암은 것이니 곧 믿음으로 하나님께로부터 난 의라

양자됨은 무엇입니까?

Q 034

요한일서 3:1-2	보라 아버지께서 어떠한 사랑을 우리에게 베푸사 하나님의 자녀라 일컬음을 받게 하셨는가, 우리가 그러하도다 그러므로 세상이 우리를 알지 못함은 그를 알지 못함이라 사랑하는 자들아 우리가 지금은 하나님의 자녀라 장래에 어떻게 될지는 아직 나타나지 아니하였으나 그가 나타나시면 우리가 그와 같을 줄을 아는 것은 그의 참모습 그대로 볼 것이기 때문이니
요한복음 1:12	영접하는 자 곧 그 이름을 믿는 자들에게는 하나님의 자녀가 되는 권세를 주셨으니

요일 3:1-2 | 요 1:12 | 롬 8:17

A 양자됨은 하나님께서 값없이 베푸시는 은혜의 행위인데, 그것으로 우
리가 하나님의 자녀 수효 중에 받아들여지며, 하나님 자녀로서의 모든
특권을 누리는 권세를 가집니다.

권세를 주마!
전부 누려라~!

로마서 8:17 자녀이면 또한 상속자 곧 하나님의 상속자요 그리스도와 함께 한 상속자니 우
리가 그와 함께 영광을 받기 위하여 고난도 함께 받아야 할 것이니라

Q 035

성화는 무엇입니까?

데살로니가후서 2:13 주께서 사랑하시는 형제들아 우리가 항상 너희에 관하여 마땅히 하나님께 감사할 것은 하나님이 처음부터 너희를 택하사 성령의 거룩하게 하심과 진리를 믿음으로 구원을 받게 하심이니

에베소서 4:23-24 오직 너희의 심령이 새롭게 되어 하나님을 따라 의와 진리의 거룩함으로 지으심을 받은 새 사람을 입으라

살후 2:13 | 엡 4:23-24 | 롬 6:12-13

A 성화는 하나님께서 값없이 베푸시는 은혜의 사역인데, 그것으로 우리
가 하나님의 형상대로 전인이 새롭게 되며, 죄에 대해서는 더욱 더 죽
고 의에 대해서는 살 수 있게 됩니다.

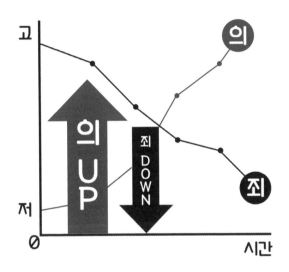

로마서 6:12-13 그러므로 너희는 죄가 너희 죽을 몸을 지배하지 못하게 하여 몸의 사욕에 순
종하지 말고 또한 너희 지체를 불의의 무기로 죄에게 내주지 말고 오직 너희
자신을 죽은 자 가운데서 다시 살아난 자 같이 하나님께 드리며 너희 지체를
의의 무기로 하나님께 드리라

Q 036

현세에서 칭의와 양자됨과
성화에 수반되거나 거기서 나오는
은덕들은 무엇입니까?

로마서 5:1-2, 5	그러므로 우리가 믿음으로 의롭다 하심을 받았으니 우리 주 예수 그리스도로 말미암아 하나님과 화평을 누리자 또한 그로 말미암아 우리가 믿음으로 서 있는 이 은혜에 들어감을 얻었으며 하나님의 영광을 바라고 즐거워하느니라 / 소망이 우리를 부끄럽게 하지 아니함은 우리에게 주신 성령으로 말미암아 하나님의 사랑이 우리 마음에 부은 바 됨이니
로마서 14:17	하나님의 나라는 먹는 것과 마시는 것이 아니요 오직 성령 안에 있는 의와 평강과 희락이라
요한복음 1:16	우리가 다 그의 충만한 데서 받으니 은혜 위에 은혜러라

증거구절

롬 5:1–2, 5 | 롬 14:17 | 요 1:16
잠 4:18 | 빌 1:6 | 요 17:15 | 롬 8:11

A 현세에서 칭의와 양자됨과 성화에 수반되거나 거기서 나오는 은덕들은 하나님의 사랑에 대한 확신과 양심의 평안과 성령 안에서의 기쁨, 은혜의 증가, 그 은혜 안에서 끝가지 견디는 것입니다.

잠언 4:18	의인의 길은 돋는 햇살 같아서 크게 빛나 한낮의 광명에 이르거니와
빌립보서 1:6	너희 안에서 착한 일을 시작하신 이가 그리스도 예수의 날까지 이루실 줄을 우리는 확신하노라
요한복음 17:15	내가 비옵는 것은 그들을 세상에서 데려가시기를 위함이 아니요 다만 악에 빠지지 않게 보전하시기를 위함이니이다
로마서 8:11	예수를 죽은 자 가운데서 살리신 이의 영이 너희 안에 거하시면 그리스도 예수를 죽은 자 가운데서 살리신 이가 너희 안에 거하시는 그의 영으로 말미암아 너희 죽을 몸도 살리시리라

Q 037

신자는 죽을 때 그리스도로부터 어떤 은덕을 받습니까?

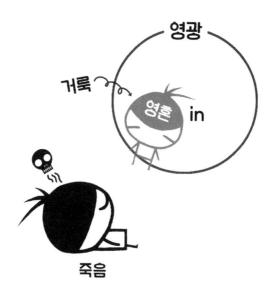

히브리서 12:23	하늘에 기록된 장자들의 모임과 교회와 만민의 심판자이신 하나님과 및 온전 하게 된 의인의 영들과
누가복음 23:43	예수께서 이르시되 내가 진실로 네게 이르노니 오늘 네가 나와 함께 낙원에 있으리라 하시니라
데살로니가전서 4:14	우리가 예수께서 죽으셨다가 다시 살아나심을 믿을진대 이와 같이 예수 안에 서 자는 자들도 하나님이 그와 함께 데리고 오시리라

증거구절

히 12:23 | 눅 23:43 | 살전 4:14 | 요 5:28

A 신자의 영혼은 그들이 죽을 때 완전히 거룩하게 되어 즉시 영광 중에 들어가고, 육신은 여전히 그리스도께 연합하여 부활 때까지 무덤에서 쉽니다.

그리스도와의 연합

요한복음 5:28   이를 놀랍게 여기지 말라 무덤 속에 있는 자가 다 그의 음성을 들을 때가 오나니

Q 038

신자는 부활 때 그리스도로부터 어떤 은덕을 받습니까?

데살로니가전서 4:17	그 후에 우리 살아 남은 자들도 그들과 함께 구름 속으로 끌어 올려 공중에서 주를 영접하게 하시리니 그리하여 우리가 항상 주와 함께 있으리라
마태복음 25:33-34	양은 그 오른편에 염소는 왼편에 두리라 그 때에 임금이 그 오른편에 있는 자들에게 이르시되 내 아버지께 복 받을 자들이여 나아와 창세로부터 너희를 위하여 예비된 나라를 상속받으라
마태복음 10:32	누구든지 사람 앞에서 나를 시인하면 나도 하늘에 계신 내 아버지 앞에서 그를 시인할 것이요

살전 4:17 | 마 25:33-34 | 마 10:32
요일 3:2 | 시 16:11 | 고전 13:12

A 부활 때 신자는 영광 중에 들어 올리우며, 심판 날에 공개적으로 인정받고 무죄 선고를 받으며, 영원토록 하나님을 온전히 즐거워함으로 완전한 복을 누리게 됩니다.

<D-Day>

요한일서 3:2	사랑하는 자들아 우리가 지금은 하나님의 자녀라 장래에 어떻게 될지는 아직 나타나지 아니하였으나 그가 나타나시면 우리가 그와 같을 줄을 아는 것은 그의 참모습 그대로 볼 것이기 때문이니
시편 16:11	주께서 생명의 길을 내게 보이시리니 주의 앞에는 충만한 기쁨이 있고 주의 오른쪽에는 영원한 즐거움이 있나이다
고린도전서 13:12	우리가 지금은 거울로 보는 것 같이 희미하나 그 때에는 얼굴과 얼굴을 대하여 볼 것이요 지금은 내가 부분적으로 아나 그 때에는 주께서 나를 아신 것 같이 내가 온전히 알리라

Q 039

하나님께서 사람에게 요구하시는 의무는 무엇입니까?

의무를 알려 주마

넵!

신명기 29:29 감추어진 일은 우리 하나님 여호와께 속하였거니와 나타난 일은 영원히 우리와 우리 자손에게 속하였나니 이는 우리에게 이 율법의 모든 말씀을 행하게 하심이니라

미가 6:8 사람아 주께서 선한 것이 무엇임을 네게 보이셨나니 여호와께서 네게 구하시는 것은 오직 정의를 행하며 인자를 사랑하며 겸손하게 네 하나님과 함께 행하는 것이 아니냐

신 29:29 │ 미 6:8 │ 삼상 15:22

A 하나님께서 사람에게 요구하시는 의무는 그분의 계시된 뜻에 순종하는
것입니다.

사무엘상 15:22 사무엘이 이르되 여호와께서 번제와 다른 제사를 그의 목소리를 청종하는
것을 좋아하심 같이 좋아하시겠나이까 순종이 제사보다 낫고 듣는 것이 숫
양의 기름보다 나으니

Q 040

하나님께서 처음에 사람에게 순종의 법칙으로 무엇을 계시하셨습니까?

계시판

로마서 2:14-15	헬라인이나 야만인이나 지혜 있는 자나 어리석은 자에게 다 내가 빚진 자라 그러므로 나는 할 수 있는 대로 로마에 있는 너희에게도 복음 전하기를 원하노라
로마서 10:5	모세가 기록하되 율법으로 말미암는 의를 행하는 사람은 그 의로 살리라 하였거니와

A 하나님께서 순종을 위하여 처음에 사람에게 계시하신 법칙은 도덕법이
었습니다.

신명기 6:4-9 이스라엘아 들으라 우리 하나님 여호와는 오직 유일한 여호와이시니 너는 마음을 다하고 뜻을 다하고 힘을 다하여 네 하나님 여호와를 사랑하라 오늘 내가 네게 명하는 이 말씀을 너는 마음에 새기고 네 자녀에게 부지런히 가르치며 집에 앉았을 때에든지 길을 갈 때에든지 누워 있을 때에든지 일어날 때에든지 이 말씀을 강론할 것이며 너는 또 그것을 네 손목에 매어 기호를 삼으며 네 미간에 붙여 표로 삼고 또 네 집 문설주와 바깥 문에 기록할지니라

Q 041

이 도덕법은 어디에
요약적으로 들어있습니까?

출애굽기 20:1-17 하나님이 이 모든 말씀으로 말씀하여 이르시되 나는 너를 애굽 땅, 종 되었던 집에서 인도하여 낸 네 하나님 여호와니라 너는 나 외에는 다른 신들을 네게 두지 말라 너를 위하여 새긴 우상을 만들지 말고 또 위로 하늘에 있는 것이나 아래로 땅에 있는 것이나 땅 아래 물 속에 있는 것의 어떤 형상도 만들지 말며 그것들에게 절하지 말며 그것들을 섬기지 말라 나 네 하나님 여호와는 질투하는 하나님인즉 나를 미워하는 자의 죄를 갚되 아버지로부터 아들에게로 삼사 대까지 이르게 하거니와 나를 사랑하고 내 계명을 지키는 자에게는 천 대까지 은혜를 베푸느니라 너는 네 하나님 여호와의 이름을 망령되게 부르지 말라 여호와는 그의 이름을 망령되게 부르는 자를 죄 없다 하지 아니하리라 안식일을 기억하여 거룩하게 지키라 엿새 동안은 힘써 네 모든 일을 행할 것이나 일곱째 날은 네 하나님 여호와의 안식일인즉 너나 네 아들이나 네 딸이나 네 남종이나 네 여종이나 네 가축이나 네 문안에 머무는 객이라도 아무 일도 하지 말라 이는 엿새 동안에 나 여호와가 하늘과 땅과 바다와 그 가운데 모든 것을 만들고 일곱째 날에 쉬었음이라 그러므로 나 여호와가 안식일을 복되게 하여 그 날을 거룩하게 하였느니라 네 부모를 공경하라 그리하면 네 하나님 여호와가 네게 준 땅에서 네 생명이 길리라 살인하지 말라 간음하지 말라 도둑질하지

A 이 도덕법은 십계명에 요약적으로 들어있습니다.

여깄다~

넵!

말라 네 이웃에 대하여 거짓 증거하지 말라 네 이웃의 집을 탐내지 말라 네 이웃의 아내나 그의 남종이나 그의 여종이나 그의 소나 그의 나귀나 무릇 네 이웃의 소유를 탐내지 말라

신명기 5:5-21 그 때에 너희가 불을 두려워하여 산에 오르지 못하므로 내가 여호와와 너희 중간에 서서 여호와의 말씀을 너희에게 전하였노라 여호와께서 이르시되 나는 너를 애굽 땅, 종 되었던 집에서 인도하여 낸 네 하나님 여호와라 나 외에는 다른 신들을 네게 두지 말지니라 너는 자기를 위하여 새긴 우상을 만들지 말고 위로 하늘에 있는 것이나 아래로 땅에 있는 것이나 땅밑 물 속에 있는 것의 어떤 형상도 만들지 말며 그것들에게 절하지 말며 그것들을 섬기지 말라 나 네 하나님 여호와는 질투하는 하나님인즉 나를 미워하는 자의 죄를 갚되 아버지로부터 아들에게로 삼사 대까지 이르게 하거니와 나를 사랑하고 내 계명을 지키는 자에게는 천 대까지 은혜를 베푸느니라 너는 네 하나님 여호와의 이름을 망령되이 일컫지 말라 나 여호와는 내 이름을 망령되이 일컫는 자를 죄 없는 줄로 인정하지 아니하리라

신명기 10:4 여호와께서 그 총회 날에 산 위 불 가운데에서 너희에게 이르신 십계명을 처음과 같이 그 판에 쓰시고 그것을 내게 주시기로

Q 042

십계명의 강령은 무엇입니까?

마태복음 22:37-40   예수께서 이르시되 네 마음을 다하고 목숨을 다하고 뜻을 다하여 주 너의 하나님을 사랑하라 하셨으니 이것이 크고 첫째되는 계명이요 둘째도 그와 같으니 네 이웃을 네 자신 같이 사랑하라 하셨으니 이 두 계명이 온 율법과 선지자의 강령이니라

마 22:37-40 | 신 6:5

A 십계명의 강령은 "네 마음을 다하고 목숨을 다하고 힘을 다하고 뜻을 다하여 주 너의 하나님을 사랑하고, 네 이웃을 네 자신과 같이 사랑하라"입니다.

신명기 6:5　　　　　너는 마음을 다하고 뜻을 다하고 힘을 다하여 네 하나님 여호와를 사랑하라

Q 043

십계명의 서문은
무엇입니까?

출애굽기 20:2   나는 너를 애굽 땅, 종 되었던 집에서 인도하여 낸 네 하나님 여호와니라

신명기 5:6   나는 너를 애굽 땅, 종 되었던 집에서 인도하여 낸 네 하나님 여호와라

출 20:2 | 신 5:6

A 십계명의 서문은 "나는 너를 애굽 땅 종 되었던 집에서 인도하여 낸 네 하나님 여호와니라" 하신 말씀입니다.

Q 044

십계명의 서문이 우리에게 가르쳐 주는 것은 무엇입니까?

하나님 = 주인 = 구속자

십계명

여호수아 24:18   여호와께서 또 모든 백성들과 이 땅에 거주하던 아모리 족속을 우리 앞에서 쫓아내셨음이라 그러므로 우리도 여호와를 섬기리니 그는 우리 하나님이심이니이다 하니라

디모데전서 1:1   우리 구주 하나님과 우리의 소망이신 그리스도 예수의 명령을 따라 그리스도 예수의 사도 된 바울은

수24:18 | 딤전 1:1 | 신 11:1

A 십계명의 서문이 우리에게 가르쳐 주는 것은 하나님께서 주가 되시고 우리의 하나님이 되시고, 구속자가 되시므로, 우리가 마땅히 그분의 모든 계명을 지켜야 한다는 것입니다.

신명기 11:1   그런즉 네 하나님 여호와를 사랑하여 그가 주신 책무와 법도와 규례와 명령을 항상 지키라

Q 045

제1계명은 무엇입니까?

신명기 5:7   나 외에는 다른 신들을 네게 두지 말지니라

출 20:3 | 신 5:7

A 제1계명은 "너는 나 외에는 다른 신들을 네게 두지 말라"입니다.

나만 보아라!

Q 046

제1계명에서 요구하는 것은 무엇입니까?

신명기 26:17	네가 오늘 여호와를 네 하나님으로 인정하고 또 그 도를 행하고 그의 규례와 명령과 법도를 지키며 그의 소리를 들으리라 확언하였고
마태복음 4:10	이에 예수께서 말씀하시되 사탄아 물러가라 기록되었으되 주 너의 하나님께 경배하고 다만 그를 섬기라 하였느니라
시편 95:6-7	오라 우리가 굽혀 경배하며 우리를 지으신 여호와 앞에 무릎을 꿇자 그는 우리의 하나님이시요 우리는 그가 기르시는 백성이며 그의 손이 돌보시는 양이기 때문이라 너희가 오늘 그의 음성을 듣거든

신 26:17 | 마 4:10 | 시 95:6-7 | 시 29:2

A 제1계명이 우리에게 요구하는 것은 하나님께서 유일하신 참 하나님이심과 우리의 하나님이심을 알고 인정하는 것과 그리고 합당하게 그를 경배하고 영화롭게 하는 것입니다.

시편 29:2   여호와께 그의 이름에 합당한 영광을 돌리며 거룩한 옷을 입고 여호와께 예배할지어다

Q 047

제1계명이 금하는 것은 무엇입니까?

시편 14:1	어리석은 자는 그의 마음에 이르기를 하나님이 없다 하는도다 그들은 부패하고 그 행실이 가증하니 선을 행하는 자가 없도다
로마서 1:21	하나님을 알되 하나님을 영화롭게도 아니하며 감사하지도 아니하고 오히려 그 생각이 허망하여지며 미련한 마음이 어두워졌나니
시편 81:9	너희 중에 다른 신을 두지 말며 이방 신에게 절하지 말지어다

A 제1계명이 금하는 것은 참 하나님을 부인하거나 그분을 우리의 하나님으로, 그리고 우리의 참되신 하나님으로 경배하지도 영화롭게 하지도 않는 것입니다. 그리고 그분에게만 합당한 경배와 영광을 다른 것에 드리는 것입니다.

로마서 1:25 이는 그들이 하나님의 진리를 거짓 것으로 바꾸어 피조물을 조물주보다 더 경배하고 섬김이라 주는 곧 영원히 찬송할 이시로다 아멘

Q 048

제1계명에 있는 '나 외에는'이라는 말씀은 우리에게 특별히 무엇을 가르칩니까?

우상숭배

 = 중죄

히브리서 4:13 지으신 것이 하나도 그 앞에 나타나지 않음이 없고 우리의 결산을 받으실 이의 눈 앞에 만물이 벌거벗은 것 같이 드러나느니라

역대상 28:9 내 아들 솔로몬아 너는 네 아버지의 하나님을 알고 온전한 마음과 기쁜 뜻으로 섬길지어다 여호와께서는 모든 마음을 감찰하사 모든 의도를 아시나니 네가 만일 그를 찾으면 만날 것이요 만일 네가 그를 버리면 그가 너를 영원히 버리시리라

히 4:13 | 대상 28:9 | 시 44:20-21 | 신 30:17-18

A 제1계명에 있는 "나 외에는"라는 말씀이 우리에게 가르치는 것은 만물을 감찰하시는 하나님께서 우리가 어떤 다른 신을 섬기는 죄를 중히 보시고 매우 노여워하신다는 것입니다.

우앙~

화난다!

버럭

| 시편 44:20-21 | 우리가 우리 하나님의 이름을 잊어버렸거나 우리 손을 이방 신에게 향하여 폈더면 하나님이 이를 알아내지 아니하셨으리이까 무릇 주는 마음의 비밀을 아시나이다 |
| 신명기 30:17-18 | 그러나 네가 만일 마음을 돌이켜 듣지 아니하고 유혹을 받아 다른 신들에게 절하고 그를 섬기면 내가 오늘 너희에게 선언하노니 너희가 반드시 망할 것이라 너희가 요단을 건너가서 차지할 땅에서 너희의 날이 길지 못할 것이니라 |

Q 049

제2계명은 무엇입니까?

출애굽기 20:4-6   너를 위하여 새긴 우상을 만들지 말고 또 위로 하늘에 있는 것이나 아래로 땅
에 있는 것이나 땅 아래 물 속에 있는 것의 어떤 형상도 만들지 말며 그것들에
게 절하지 말며 그것들을 섬기지 말라 나 네 하나님 여호와는 질투하는 하나
님인즉 나를 미워하는 자의 죄를 갚되 아버지로부터 아들에게로 삼사 대까지
이르게 하거니와 나를 사랑하고 내 계명을 지키는 자에게는 천 대까지 은혜를
베푸느니라

출 20:4-6 | 신 5:8-9

A 제2계명은 "너를 위하여 새긴 우상을 만들지 말고 또 위로 하늘에 있는 것이나 아래로 땅에 있는 것이나 땅 아래 물속에 있는 것의 어떤 형상도 만들지 말며 그것들에게 절하지 말며 그것들을 섬기지 말라 나 네 하나님 여호와는 질투하는 하나님인즉 나를 미워하는 자의 죄를 갚되 아버지로부터 아들에게로 삼사 대까지 이르게 하거니와 나를 사랑하고 내 계명을 지키는 자에게는 천 대까지 은혜를 베푸느니라"입니다.

신명기 5:8-9　　너는 자기를 위하여 새긴 우상을 만들지 말고 위로 하늘에 있는 것이나 아래로 땅에 있는 것이나 땅밑 물 속에 있는 것의 어떤 형상도 만들지 말며 그것들에게 절하지 말며 그것들을 섬기지 말라 나 네 하나님 여호와는 질투하는 하나님인즉 나를 미워하는 자의 죄를 갚되 아버지로부터 아들에게로 삼사 대까지 이르게 하거니와

Q 050

제2계명에서 요구하는 것은 무엇입니까?

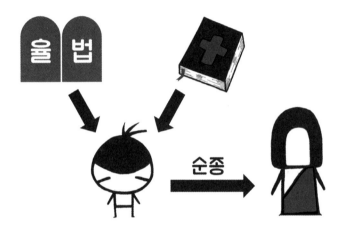

마태복음 28:20	내가 너희에게 분부한 모든 것을 가르쳐 지키게 하라 볼지어다 내가 세상 끝 날까지 너희와 항상 함께 있으리라 하시니라
신명기 12:32	내가 너희에게 명령하는 이 모든 말을 너희는 지켜 행하고 그것에 가감하지 말지니라

마 28:20 | 신 12:32 | 신 32:46

A 제2계명에서 요구하는 것은 하나님께서 그분의 말씀에 정하신 대로 모든 경건한 예배와 규례를 받아서, 준수하고, 순전하고 흠 없이 지키는 것입니다.

신명기 32:46 그들에게 이르되 내가 오늘 너희에게 증언한 모든 말을 너희의 마음에 두고 너희의 자녀에게 명령하여 이 율법의 모든 말씀을 지켜 행하게 하라

Q 051

제2계명에서 금하는 것은 무엇입니까?

신명기 4:15-19

여호와께서 호렙 산 불길 중에서 너희에게 말씀하시던 날에 너희가 어떤 형상도 보지 못하였은즉 너희는 깊이 삼가라 그리하여 스스로 부패하여 자기를 위해 어떤 형상대로든지 우상을 새겨 만들지 말라 남자의 형상이든지, 여자의 형상이든지, 땅 위에 있는 어떤 짐승의 형상이든지, 하늘을 나는 날개 가진 어떤 새의 형상이든지, 땅 위에 기는 어떤 곤충의 형상이든지, 땅 아래 물 속에 있는 어떤 어족의 형상이든지 만들지 말라 또 그리하여 네가 하늘을 향하여 눈을 들어 해와 달과 별들, 하늘 위의 모든 천체 곧 너희의 하나님 여호와께서 천하 만민을 위하여 배정하신 것을 보고 미혹하여 그것에 경배하며 섬기지 말라

신 4:15-19 | 행 17:29 | 신 12:30-32

A 제2계명에서 금하는 것은 형상을 가지고 하나님을 예배하거나, 그분의 말씀에 정하지 아니한 다른 방법으로 예배하는 것입니다.

사도행전 17:29 이와 같이 하나님의 소생이 되었은즉 하나님을 금이나 은이나 돌에다 사람의 기술과 고안으로 새긴 것들과 같이 여길 것이 아니니라

신명기 12:30-32 너는 스스로 삼가 네 앞에서 멸망한 그들의 자취를 밟아 올무에 걸리지 말라 또 그들의 신을 탐구하여 이르기를 이 민족들은 그 신들을 어떻게 섬겼는고 나도 그와 같이 하겠다 하지말라 네 하나님 여호와께는 네가 그와 같이 행하지 못할 것이라 그들은 여호와께서 꺼리시며 가증히 여기시는 일을 그들의 신들에게 행하여 심지어 자기들의 자녀를 불살라 그들의 신들에게 드렸느니라 내가 너희에게 명령하는 이 모든 말을 너희는 지켜 행하고 그것에 가감하지 말지니라

109

Q 052

제2계명에 첨가된 이유들은 무엇입니까?

역대상 29:11-12	여호와여 위대하심과 권능과 영광과 승리와 위엄이 다 주께 속하였사오니 천지에 있는 것이 다 주의 것이로소이다 여호와여 주권도 주께 속하였사오니 주는 높으사 만물의 머리이심이니이다 부와 귀가 주께로 말미암고 또 주는 만물의 주재가 되사 손에 권세와 능력이 있사오니 모든 사람을 크게 하심과 강하게 하심이 주의 손에 있나이다
시편 45:11	그리하면 왕이 네 아름다움을 사모하실지라 그는 네 주인이시니 너는 그를 경배할지어다

대상 29:11-12 | 시 45:11 | 시 100:3 | 출 34:14

A 제2계명에 첨가된 이유들은 하나님께서 우리의 주권자가 되시며, 우리의 소유주가 되시며, 자신이 받으실 예배에 대해 열심을 가지고 계시다는 것입니다.

어떻게 하는지
지켜보고 있다

네... 넵...
열심히
할게요.

시편 100:3   여호와가 우리 하나님이신 줄 너희는 알지어다 그는 우리를 지으신 이요 우리는 그의 것이니 그의 백성이요 그의 기르시는 양이로다

출애굽기 34:14   너는 다른 신에게 절하지 말라 여호와는 질투라 이름하는 질투의 하나님임이니라

Q 053

제3계명은 무엇입니까?

출애굽기 20:7	너는 네 하나님 여호와의 이름을 망령되게 부르지 말라 여호와는 그의 이름을 망령되게 부르는 자를 죄 없다 하지 아니하리라
신명기 5:11	너는 네 하나님 여호와의 이름을 망령되이 일컫지 말라 나 여호와는 내 이름을 망령되이 일컫는 자를 죄 없는 줄로 인정하지 아니하리라

출 20:7 | 신 5:11

A 제3계명은 "너는 네 하나님 여호와의 이름을 망령되게 부르지 말라. 여호와는 그의 이름을 망령되게 부르는 자를 죄 없다 하지 아니하리라"입니다.

Q 054

제3계명에서
요구하는 것은 무엇입니까?

하나님의

이름 칭호 속성
규례 말씀 행사

끄덕
옳지
거룩 존경

시편 29:2	여호와께 그의 이름에 합당한 영광을 돌리며 거룩한 옷을 입고 여호와께 예배할지어다
마태복음 6:9	그러므로 너희는 이렇게 기도하라 하늘에 계신 우리 아버지여 이름이 거룩히 여김을 받으시오며
시편 68:4	하나님께 노래하며 그의 이름을 찬양하라 하늘을 타고 광야에 행하시던 이를 위하여 대로를 수축하라 그의 이름은 여호와이시니 그의 앞에서 뛰놀지어다
요한계시록 15:3-4	하나님의 종 모세의 노래, 어린 양의 노래를 불러 이르되 주 하나님 곧 전능하신 이시여 하시는 일이 크고 놀라우시도다 만국의 왕이시여 주의 길이 의롭고 참되시도다 주여 누가 주의 이름을 두려워하지 아니하며 영화롭게 하지 아니하오리이까 오직 주만 거룩하시니이다 주의 의로우신 일이 나타났으매 만국이 와서 주께 경배하리이다 하더라
말라기 1:14	만군의 여호와가 이르노라 너희가 또 말하기를 이 일이 얼마나 번거로운고 하며

A 제3계명에서 요구하는 것은 하나님의 이름과 칭호와 속성과 규례와 말씀과 행사를 거룩하고 존경스럽게 사용하라는 것입니다.

조심해야지

	코웃음치고 훔친 물건과 저는 것, 병든 것을 가져왔느니라 너희가 이같이 봉헌물을 가져오니 내가 그것을 너희 손에서 받겠느냐 이는 여호와의 말이니라
출애굽기 15:26	이르시되 너희가 너희 하나님 나 여호와의 말을 들어 순종하고 내가 보기에 의를 행하며 내 계명에 귀를 기울이며 내 모든 규례를 지키면 내가 애굽 사람에게 내린 모든 질병 중 하나도 너희에게 내리지 아니하리니 나는 너희를 치료하는 여호와임이라
시편 138:2	내가 주의 성전을 향하여 예배하며 주의 인자하심과 성실하심으로 말미암아 주의 이름에 감사하오리니 이는 주께서 주의 말씀을 주의 모든 이름보다 높게 하셨음이라
시편 107:21-22	여호와의 인자하심과 인생에게 행하신 기적으로 말미암아 그를 찬송할지로다 감사제를 드리며 노래하여 그가 행하신 일을 선포할지로다
레위기 19:12	너희는 내 이름으로 거짓 맹세함으로 네 하나님의 이름을 욕되게 하지 말라 나는 여호와이니라

Q 055

제3계명에서 금하는 것은 무엇입니까?

말라기 1:6-7, 12   내 이름을 멸시하는 제사장들아 나 만군의 여호와가 너희에게 이르기를 아들은 그 아버지를, 종은 그 주인을 공경하나니 내가 아버지일진대 나를 공경함이 어디 있느냐 내가 주인일진대 나를 두려워함이 어디 있느냐 하나 너희는 이르기를 우리가 어떻게 주의 이름을 멸시하였나이까 하는도다 너희가 더러운 떡을 나의 제단에 드리고도 말하기를 우리가 어떻게 주를 더럽게 하였나이까 하는도다 이는 너희가 여호와의 식탁은 경멸히 여길 것이라 말하기 때문이라 그러나 너희는 말하기를 여호와의 식탁은 더러워졌고 그 위에 있는 과일 곧 먹을 것은 경멸히 여길 것이라 하여 내 이름을 더럽히는도다

A 제3계명에서 금하는 것은 하나님께서 자기를 나타내신 것은 무엇이든지 속되게 하거나 잘못 사용하지 말라는 것입니다.

말라기 2:2 만군의 여호와가 이르노라 너희가 만일 듣지 아니하며 마음에 두지 아니하여 내 이름을 영화롭게 하지 아니하면 내가 너희에게 저주를 내려 너희의 복을 저주하리라 내가 이미 저주하였나니 이는 너희가 그것을 마음에 두지 아니하였음이라

레위기 19:12 너희는 내 이름으로 거짓 맹세함으로 네 하나님의 이름을 욕되게 하지 말라 나는 여호와이니라

마태복음 5:34-35 나는 너희에게 이르노니 도무지 맹세하지 말지니 하늘로도 하지 말라 이는 하나님의 보좌임이요 땅으로도 하지 말라 이는 하나님의 발등상임이요 예루살렘으로도 하지 말라 이는 큰 임금의 성임이요

Q 056

제3계명에 첨가한 이유는 무엇입니까?

신 28:58-59

A 제3계명에 첨가한 이유는 이 계명을 범하는 자가 비록 사람들로부터 형벌을 피할 수 있을지라도, 주 우리 하나님은 그들이 그분의 의로우신 심판을 피하지는 못하게 하신다는 것입니다.

Q 057

제4계명이 무엇입니까?

출애굽기 20:8-11   안식일을 기억하여 거룩하게 지키라 엿새 동안은 힘써 네 모든 일을 행할 것이나 일곱째 날은 네 하나님 여호와의 안식일인즉 너나 네 아들이나 네 딸이나 네 남종이나 네 여종이나 네 가축이나 네 문안에 머무는 객이라도 아무 일도 하지 말라 이는 엿새 동안에 나 여호와가 하늘과 땅과 바다와 그 가운데 모든 것을 만들고 일곱째 날에 쉬었음이라 그러므로 나 여호와가 안식일을 복되게 하여 그 날을 거룩하게 하였느니라

출 20:8–11 | 신 5:12–15

A 제4계명은 "안식일을 기억하여 거룩히 지키라 엿새 동안은 힘써 네 모든 일을 행할 것이나 일곱째 날은 네 하나님 여호와의 안식일인즉 너나 네 아들이나 네 딸이나 네 남종이나 네 여종이나 네 가축이나 네 문안에 머무는 객이라도 아무 일도 하지 말라 이는 엿새 동안에 나 여호와가 하늘과 땅과 바다와 그 가운데 모든 것을 만들고 일곱째 날에 쉬었음이라 그러므로 나 여호와가 안식일을 복되게 하여 그날을 거룩하게 하였느니라"입니다.

6 Days   7th Day   안식일

신명기 5:12–15   네 하나님 여호와가 네게 명령한 대로 안식일을 지켜 거룩하게 하라 엿새 동안은 힘써 네 모든 일을 행할 것이나 일곱째 날은 네 하나님 여호와의 안식일인즉 너나 네 아들이나 네 딸이나 네 남종이나 네 여종이나 네 소나 네 나귀나 네 모든 가축이나 네 문 안에 유하는 객이라도 아무 일도 하지 못하게 하고 네 남종이나 네 여종에게 너 같이 안식하게 할지니라 너는 기억하라 네가 애굽 땅에서 종이 되었더니 네 하나님 여호와가 강한 손과 편 팔로 거기서 너를 인도하여 내었나니 그러므로 네 하나님 여호와가 네게 명령하여 안식일을 지키라 하느니라

Q 058

제4계명에서 요구하는 것은 무엇입니까?

안식일

뜨끔 / 온전한 하루 / Stop!

레위기 19:3 너희 각 사람은 부모를 경외하고 나의 안식일을 지키라 나는 너희의 하나님 여호와이니라

신명기 5:12-14 네 하나님 여호와가 네게 명령한 대로 안식일을 지켜 거룩하게 하라 엿새 동안은 힘써 네 모든 일을 행할 것이나 일곱째 날은 네 하나님 여호와의 안식일인즉 너나 네 아들이나 네 딸이나 네 남종이나 네 여종이나 네 소나 네 나귀나 네 모든 가축이나 네 문 안에 유하는 객이라도 아무 일도 하지 못하게 하고 네 남종이나 네 여종에게 너 같이 안식하게 할지니라

레 19:3 | 신 5:12-14 | 시 56:2-7

A 제4계명은 하나님 말씀에 지정하신 때들, 특히 7일 중에 온전한 하루를 하나님께 거룩한 안식일로 삼아 그분께 거룩하게 지킬 것을 요구하십니다.

안식일

거룩하게 지켜라

온전한 하루

예!

이사야 56:2-7 안식일을 지켜 더럽히지 아니하며 그의 손을 금하여 모든 악을 행하지 아니하여야 하나니 이와 같이 하는 사람, 이와같이 굳게 잡는 사람은 복이 있느니라 여호와께 연합한 이방인은 말하기를 여호와께서 나를 그의 백성 중에서 반드시 갈라내시리라 하지 말며 고자도 말하기를 나는 마른 나무라 하지 말라 여호와께서 이와 같이 말씀하시기를 나의 안식일을 지키며 내가 기뻐하는 일을 선택하며 나의 언약을 굳게 잡는 고자들에게는 내가 내 집에서, 내 성 안에서 아들이나 딸보다 나은 기념물과 이름을 그들에게 주며 영원한 이름을 주어 끊어지지 아니하게 할 것이며 또 여호와와 연합하여 그를 섬기며 여호와의 이름을 사랑하며 그의 종이 되며 안식일을 지켜 더럽히지 아니하며 나의 언약을 굳게 지키는 이방인마다 내가 곧 그들을 나의 성산으로 인도하여 기도하는 내 집에서 그들을 기쁘게 할 것이며 그들의 번제와 희생을 나의 제단에서 기꺼이 받게 되리니 이는 내 집은 만민이 기도하는 집이라 일컬음이 될 것임이라

Q 059

하나님께서 7일 중에 어느 날을 매 주간의 안식일로 정하셨습니까?

창세기 2:2-3	하나님이 그가 하시던 일을 일곱째 날에 마치시니 그가 하시던 모든 일을 그치고 일곱째 날에 안식하시니라 하나님이 그 일곱째 날을 복되게 하사 거룩하게 하셨으니 이는 하나님이 그 창조하시며 만드시던 모든 일을 마치시고 그 날에 안식하셨음이니라
출애굽기 16:23	모세가 그들에게 이르되 여호와께서 이같이 말씀하셨느니라 내일은 휴일이니 여호와께 거룩한 안식일이라 너희가 구울 것은 굽고 삶을 것은 삶고 그 나머지는 다 너희를 위하여 아침까지 간수하라
누가복음 23:56	돌아가 향품과 향유를 준비하더라 계명을 따라 안식일에 쉬더라

증거구절

창 2:2-3 | 출 16:23 | 눅 23:56
행 20:7 | 고전 16:2 | 계 1:10

A 창세로부터 그리스도의 부활까지는 하나님께서 주간의 일곱째 날을 매 주간의 안식일로 지정하셨고, 그 후로부터 세상 끝 날에 이르기까지는 주간의 첫날로 지정하셨으니 곧 그리스도인의 안식일입니다.

사도행전 20:7 그 주간의 첫날에 우리가 떡을 떼려 하여 모였더니 바울이 이튿날 떠나고자 하여 그들에게 강론할새 말을 밤중까지 계속하매

고린도전서 16:2 매주 첫날에 너희 각 사람이 수입에 따라 모아 두어서 내가 갈 때에 연보를 하지 않게 하라

요한계시록 1:10 주의 날에 내가 성령에 감동되어 내 뒤에서 나는 나팔 소리 같은 큰 음성을 들으니

Q 060

안식일을 어떻게 거룩하게 하여야 합니까?

< 안식일 >

레위기 23:3 엿새 동안은 일할 것이요 일곱째 날은 쉴 안식일이니 성회의 날이라 너희는 아무 일도 하지 말라 이는 너희가 거주하는 각처에서 지킬 여호와의 안식일이니라

이사야 58:13 만일 안식일에 네 발을 금하여 내 성일에 오락을 행하지 아니하고 안식일을 일컬어 즐거운 날이라, 여호와의 성일을 존귀한 날이라 하여 이를 존귀하게 여기고 네 길로 행하지 아니하며 네 오락을 구하지 아니하며 사사로운 말을 하지 아니하면

누가복음 23:56 돌아가 향품과 향유를 준비하더라 계명을 따라 안식일에 쉬더라

출애굽기 16:25-30 모세가 이르되 오늘은 그것을 먹으라 오늘은 여호와의 안식일인즉 오늘은 너희가 들에서 그것을 얻지 못하리라 엿새 동안은 너희가 그것을 거두되 일곱째 날은 안식일인즉 그 날에는 없으리라 하였으나 일곱째 날에 백성 중 어떤 사람들이 거두러 나갔다가 얻지 못하니라 여호와께서 모세에게 이르시되 어느 때까지 너희가 내 계명과 내 율법을 지키지 아니하려느냐 볼지어다 여호와가 너희에게 안식일을 줌으로 여섯째 날에는 이틀 양식을 너희에게 주는 것이니 너희는 각기 처소에 있고 일곱째 날에는 아무도 그의 처소에서 나오지 말지니라 그러므로 백성이 일곱째 날에 안식하니라

증거구절

레 23:3 | 사 58:13 | 눅 23:56 | 출 16:25-30
렘 17:21-22 | 느 13:15-22 | 눅 4:16 | 행 20:7
마 12:11-12

A 안식일을 거룩하게 하는 것은 그 날 하루를 거룩하게 쉼으로 할 것인데,
다른 날에 합당한 세상 일들과 오락을 그만두고, 부득이한 일과 자비를
베푸는 일을 제외하고는 공사 간에 하나님을 예배하는 일에 하루를 온
전히 사용함으로 말미암습니다.

예레미야 17:21-22 여호와께서 이와 같이 말씀하시되 너희는 스스로 삼가서 안식일에 짐을 지고 예루살렘 문
으로 들어오지 말며 안식일에 너희 집에서 짐을 내지 말며 어떤 일이라도 하지 말고 내가 너희 조상들에게 명령함
같이 안식일을 거룩히 할지어다

느헤미야 13:15-22 그 때에 내가 본즉 유다에서 어떤 사람이 안식일에 술틀을 밟고 곡식단을 나귀에 실어 운반
하며 포도주와 포도와 무화과와 여러 가지 짐을 지고 안식일에 예루살렘에 들어와서 음식물을 팔기로 그 날에 내가
경계하였고 또 두로 사람이 예루살렘에 살며 물고기와 각양 물건을 가져다가 안식일에 예루살렘에서도 유다 자손에
게 팔기로 내가 유다의 모든 귀인들을 꾸짖어 그들에게 이르기를 너희가 어찌 이 악을 행하여 안식일을 하느냐

누가복음 4:16 예수께서 그 자라나신 곳 나사렛에 이르사 안식일에 늘 하시던 대로 회당에 들어가사 성경을 읽
으려고 서시매

사도행전 20:7 그 주간의 첫날에 우리가 떡을 떼려 하여 모였더니 바울이 이튿날 떠나고자 하여 그들에게 강론
할새 말을 밤중까지 계속하매

마태복음 12:11-12 예수께서 이르시되 너희 중에 어떤 사람이 양 한 마리가 있어 안식일에 구덩이에 빠졌으면
끌어내지 않겠느냐사람이 양보다 얼마나 더 귀하냐 그러므로 안식일에 선을 행하는 것이 옳으니라 하시고

Q 061

제4계명에서 금하는 것은 무엇입니까?

< 안식일 >

에스겔 22:26 그 제사장들은 내 율법을 범하였으며 나의 성물을 더럽혔으며 거룩함과 속된 것을 구별하지 아니하였으며 부정함과 정한 것을 사람이 구별하게 하지 아니하였으며 그의 눈을 가리어 나의 안식일을 보지 아니하였으므로 내가 그들 가운데에서 더럽힘을 받았느니라

에스겔 23:38 이 외에도 그들이 내게 행한 것이 있나니 당일에 내 성소를 더럽히며 내 안식일을 범하였도다

이사야 58:13 만일 안식일에 네 발을 금하여 내 성일에 오락을 행하지 아니하고 안식일을 일컬어 즐거운 날이라, 여호와의 성일을 존귀한 날이라 하여 이를 존귀하게 여기고 네 길로 행하지 아니하며 네 오락을 구하지 아니하며 사사로운 말을 하지 아니하면

A 제4계명에서 금하는 것은 그 요구된 의무를 이행하지 않거나 부주의하게 행하거나, 그리고 게으름으로 그 날을 더럽게 하거나 또는 그 자체로서 죄되는 일을 하거나 또는 세상의 여러 가지 일과 오락에 대해 불필요한 생각과 말과 행동으로 죄되는 것을 하는 것입니다.

안식일

예레미야 17:24,27 여호와의 말씀이니라 너희가 만일 삼가 나를 순종하여 안식일에 짐을 지고 이 성문으로 들어오지 아니하며 안식일을 거룩히 하여 어떤 일이라도 하지 아니하면 / 그러나 만일 너희가 나를 순종하지 아니하고 안식일을 거룩되게 아니하여 안식일에 짐을지고 예루살렘 문으로 들어오면 내가 성문에 불을 놓아 예루살렘 궁전을 삼키게 하리니 그 불이 꺼지지 아니하리라 하셨다 할지니라 하시니라

Q 062

제4계명에 첨가한 이유들은 무엇입니까?

출애굽기 31:15-16	엿새 동안은 일할 것이나 일곱째 날은 큰 안식일이니 여호와께 거룩한 것이라 안식일에 일하는 자는 누구든지 반드시 죽일지니라 이같이 이스라엘 자손이 안식일을 지켜서 그것으로 대대로 영원한 언약을 삼을 것이니
레위기 23:3	엿새 동안은 일할 것이요 일곱째 날은 쉴 안식일이니 성회의 날이라 너희는 아무 일도 하지 말라 이는 너희가 거주하는 각처에서 지킬 여호와의 안식일이니라

A 제4계명에 첨가한 이유들은 하나님께서 우리 자신들의 일들을 위하여 한 주간 중 엿새를 허락하시고, 제7일은 그분의 특별한 소유가 되는 날인 것과 자기가 친히 모범을 보이신 것과 안식일을 복주신 것입니다.

1 2 3 4 5 6 ⑦ 福

출애굽기 31:17 이는 나와 이스라엘 자손 사이에 영원한 표징이며 나 여호와가 엿새 동안에 천지를 창조하고 일곱째 날에 일을 마치고 쉬었음이니라 하라

창세기 2:3 하나님이 그 일곱째 날을 복되게 하사 거룩하게 하셨으니 이는 하나님이 그 창조하시며 만드시던 모든 일을 마치고 그 날에 안식하셨음이니라

Q063

제5계명은 무엇입니까?

출애굽기 20:12	네 부모를 공경하라 그리하면 네 하나님 여호와가 네게 준 땅에서 네 생명이 길리라
신명기 5:16	너는 네 하나님 여호와께서 명령한 대로 네 부모를 공경하라 그리하면 네 하나님 여호와가 네게 준 땅에서 네 생명이 길고 복을 누리리라
레위기 19:3	너희 각 사람은 부모를 경외하고 나의 안식일을 지키라 나는 너희의 하나님 여호와이니라

출 20:12 | 신 5:16 | 레 19:3 | 엡 6:2-3

A 제5계명은 "네 부모를 공경하라 그리하면 네 하나님 여호와가 네게 준 땅에서 네 생명이 길리라"입니다.

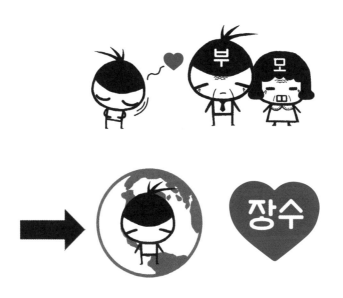

에베소서 6:2-3 네 아버지와 어머니를 공경하라 이것은 약속이 있는 첫 계명이니이로써 네가 잘되고 땅에서 장수하리라

Q 064

제5계명에서 요구하는 것은 무엇입니까?

,

에베소서 5:21-22	그리스도를 경외함으로 피차 복종하라 아내들이여 자기 남편에게 복종하기를 주께 하듯 하라
에베소서 6:1, 5, 9	자녀들아 주 안에서 너희 부모에게 순종하라 이것이 옳으니라 / 종들아 두려워하고 떨며 성실한 마음으로 육체의 상전에게 순종하기를 그리스도께 하듯 하라 / 상전들아 너희도 그들에게 이와 같이 하고 위협을 그치라 이는 그들과 너희의 상전이 하늘에 계시고 그에게는 사람을 외모로 취하는 일이 없는 줄 너희가 앎이라
로마서 13:1	각 사람은 위에 있는 권세들에게 복종하라 권세는 하나님으로부터 나지 않음이 없나니 모든 권세는 다 하나님께서 정하신 바라
레위기 19:32	너는 센 머리 앞에서 일어서고 노인의 얼굴을 공경하며 네 하나님을 경외하라 나는 여호와이니라

엡 5:21-22 ┃ 엡 6:1, 5, 9 ┃ 롬 13:1 ┃ 레 19:32
벧전 2:17 ┃ 엡 6:4 ┃ 엡 5:25 ┃ 엡 6:9 ┃ 롬 12:10

A 제5계명에서 요구하는 것은 각자에게 그들의 여러 가지 지위와 인간관계들 즉 윗사람, 아랫사람과 동등한 사람으로서 존경을 유지하고 의무를 수행하라는 것입니다.

베드로전서 2:17	뭇 사람을 공경하며 형제를 사랑하며 하나님을 두려워하며 왕을 존대하라
에베소서 6:4	또 아비들아 너희 자녀를 노엽게 하지 말고 오직 주의 교훈과 훈계로 양육하라
에베소서 5:25	남편들아 아내 사랑하기를 그리스도께서 교회를 사랑하시고 그 교회를 위하여 자신을 주심 같이 하라
에베소서 6:9	상전들아 너희도 그들에게 이와 같이 하고 위협을 그치라 이는 그들과 너희의 상전이 하늘에 계시고 그에게는 사람을 외모로 취하는 일이 없는 줄 너희가 앎이라
로마서 12:10	형제를 사랑하여 서로 우애하고 존경하기를 서로 먼저 하며

Q 065

제5계명에서 금하는 것은 무엇입니까?

 ,

마태복음 15:4-6	하나님이 이르셨으되 네 부모를 공경하라 하시고 또 아버지나 어머니를 비방하는 자는 반드시 죽임을 당하리라 하셨거늘 너희는 이르되 누구든지 아버지에게나 어머니에게 말하기를 내가 드려 유익하게 할 것이 하나님께 드림이 되었다고 하기만 하면 그 부모를 공경할 것이 없다 하여 너희의 전통으로 하나님의 말씀을 폐하는도다
에베소서 5:22	아내들이여 자기 남편에게 복종하기를 주께 하듯 하라

마 15:4-6 | 엡 5:22 | 엡 6:1 | 롬 13:1

A 제5계명에서 금하는 것은 그들의 여러 가지 지위와 관계에서 각자에게 속한 존경과 의무를 소홀히 하거나 어떤 일이든 대항하는 일을 하는 것입니다.

에베소서 6:1   자녀들아 주 안에서 너희 부모에게 순종하라 이것이 옳으니라

로마서 13:1   각 사람은 위에 있는 권세들에게 복종하라 권세는 하나님으로부터 나지 않음이 없나니 모든 권세는 다 하나님께서 정하신 바라

Q 066

제5계명에 첨가한 이유는 무엇입니까?

장수 번영

에베소서 2-3 네 아버지와 어머니를 공경하라 이것은 약속이 있는 첫 계명이니 이로써 네가
잘되고 땅에서 장수하리라

엽 6:2-3 | 신 5:16

A 제5계명에 첨가한 이유는 이 계명을 지키는 모든 자에게 장수와 번영을 주시겠다는 약속입니다(단, 이 약속은 하나님의 영광과 그들 자신의 선을 위해 사용되는 범위 내에서 말입니다).

신명기 5:16   너는 네 하나님 여호와께서 명령한 대로 네 부모를 공경하라 그리하면 네 하나님 여호와가 네게 준 땅에서 네 생명이 길고 복을 누리리라

Q 067

제6계명은 무엇입니까?

신명기 5:17   살인하지 말지니라

출 20:13 | 신 5:17

A 제6계명은 "살인하지 말라"입니다.

Q 068

제6계명에서 요구하는 것은 무엇입니까?

으...

안 돼!

생명
Life

마태복음 10:23   이 동네에서 너희를 박해하거든 저 동네로 피하라 내가 진실로 너희에게 이르노니 이스라엘의 모든 동네를 다 다니지 못하여서 인자가 오리라

에베소서 5:28-29   이와 같이 남편들도 자기 아내 사랑하기를 자기 자신과 같이 할지니 자기 아내를 사랑하는 자는 자기를 사랑하는 것이라누구든지 언제나 자기 육체를 미워하지 않고 오직 양육하여 보호하기를 그리스도께서 교회에게 함과 같이 하나니

마 10:23 | 엡 5:28-29 | 시 82:3-4 | 왕상 18:4

A 제6계명에서 요구하는 것은 우리 자신과 다른 사람들의 생명을 보존하기 위해 정당한 노력을 기울이는 것입니다.

시편 82:3-4   가난한 자와 고아를 위하여 판단하며 곤란한 자와 빈궁한 자에게 공의를 베풀 지며가난한 자와 궁핍한 자를 구원하여 악인들의 손에서 건질지니라 하시는 도다

열왕기상 18:4   이세벨이 여호와의 선지자들을 멸할 때에 오바댜가 선지자 백 명을 가지고 오 십 명씩 굴에 숨기고 떡과 물을 먹였더라

Q 069

제6계명에서 금하는 것은 무엇입니까?

사도행전 16:28 바울이 크게 소리 질러 이르되 네 몸을 상하지 말라 우리가 다 여기 있노라 하니

창세기 9:6 다른 사람의 피를 흘리면 그 사람의 피도 흘릴 것이니 이는 하나님이 자기 형상대로 사람을 지으셨음이니라

요한일서 3:15 그 형제를 미워하는 자마다 살인하는 자니 살인하는 자마다 영생이 그 속에 거하지 아니하는 것을 너희가 아는 바라

마태복음 5:22 나는 너희에게 이르노니 형제에게 노하는 자마다 심판을 받게 되고 형제를 대하여 라가라 하는 자는 공회에 잡혀가게 되고 미련한 놈이라 하는 자는 지옥 불에 들어가게 되리라

잠언 24:11-12 너는 사망으로 끌려가는 자를 건져 주며 살륙을 당하게 된 자를 구원하지 아니하려고 하지 말라 네가 말하기를 나는 그것을 알지 못하였노라 할지라도 마음을 저울질 하시는 이가 어찌 통찰하지 못하시겠으며 네 영혼을 지키시는 이가 어찌 알지 못하시겠느냐 그가 각 사람의 행위대로 보응하시리라

출애굽기 21:18-32 사람이 서로 싸우다가 하나가 돌이나 주먹으로 그의 상대방을 쳤으나 그가 죽지 않고

증거구절

행 16:28 | 창 9:6 | 요일 3:15 | 마 5:22
잠 24:11-12 | 출 21:18-32 | 신 24:6

A 제6계명에서 금하는 것은 우리 자신의 생명이나 우리 이웃의 생명을 부당하게 빼앗거나, 무엇이든지 그런 경향이 있는 것들입니다.

자리에 누웠다가 지팡이를 짚고 일어나 걸으면 그를 친 자가 형벌은 면하되 그간의 손해를 배상하고 그가 완치되게 할 것이니라 사람이 매로 그 남종이나 여종을 쳐서 당장에 죽으면 반드시 형벌을 받으려니와 그가 하루나 이틀을 연명하면 형벌을 면하리니 그는 상전의 재산임이라 사람이 서로 싸우다가 임신한 여인을 쳐서 낙태하게 하였으나 다른 해가 없으면 그 남편의 청구대로 반드시 벌금을 내되 재판장의 판결을 따라 낼 것이니라 그러나 다른 해가 있으면 갚되 생명은 생명으로, 눈은 눈으로, 이는 이로, 손은 손으로, 발은 발로, 덴 것은 덴 것으로, 상하게 한 것은 상함으로, 때린 것은 때림으로 갚을지니라 사람이 그 남종의 한 눈이나 여종의 한 눈을 쳐서 상하게 하면 그 눈에 대한 보상으로 그를 놓아 줄 것이며 그 남종의 이나 여종의 이를 쳐서 빠뜨리면 그 이에 대한 보상으로 그를 놓아 줄지니라 소가 남자나 여자를 받아서 죽이면 그 소는 반드시 돌로 쳐서 죽일 것이요 그 고기는 먹지 말 것이며 임자는 형벌을 면하려니와 소가 본래 받는 버릇이 있고 그 임자는 그로 말미암아 경고를 받았으되 단속하지 아니하여 남녀를 막론하고 받아 죽이면 그 소는 돌로 쳐죽일 것이고 임자도 죽일 것이며 만일 그에게 속죄금을 부과하면 무릇 그 명령한 것을 생명의 대가로 낼 것이요 아들을 받든지 딸을 받든지 이 법규대로 그 임자에게 행할 것이며 소가 만일 남종이나 여종을 받으면 소 임자가 은 삼십 세겔을 그의 상전에게 줄 것이요 소는 돌로 쳐서 죽일지니라

신명기 24:6 사람이 맷돌이나 그 위짝을 전당 잡지 말지니 이는 그 생명을 전당 잡음이니라

145

Q 070

제7계명은 무엇입니까?

신명기 5:18   간음하지 말지니라

출 20:14 │ 신 5:18

A 제7계명은 "간음하지 말라"입니다.

Q 071

제7계명에서 요구하는 것은 무엇입니까?

마태복음 5:28	나는 너희에게 이르노니 음욕을 품고 여자를 보는 자마다 마음에 이미 간음하였느니라
에베소서 5:4	누추함과 어리석은 말이나 희롱의 말이 마땅치 아니하니 오히려 감사하는 말을 하라
히브리서 13:4	모든 사람은 결혼을 귀히 여기고 침소를 더럽히지 않게 하라 음행하는 자들과 간음하는 자들을 하나님이 심판하시리라
디모데후서 2:22	또한 너는 청년의 정욕을 피하고 주를 깨끗한 마음으로 부르는 자들과 함께 의와 믿음과 사랑과 화평을 따르라

마 5:28 | 엡 5:4 | 히 13:4 | 딤후 2:22
살전 4:4-5 | 고전 7:2-3, 5

A 제7계명이 요구하는 것은 마음과 말과 행위에서 우리 자신과 우리 이웃의 순결을 보존하라는 것입니다.

데살로니가전서 4:4-5 각각 거룩함과 존귀함으로 자기의 아내 대할 줄을 알고 하나님을 모르는 이방인과 같이 색욕을 따르지 말고

고린도전서 7:2-3, 5 음행을 피하기 위하여 남자마다 자기 아내를 두고 여자마다 자기 남편을 두라 남편은 그 아내에 대한 의무를 다하고 아내도 그 남편에게 그렇게 할지라 / 서로 분방하지 말라 다만 기도할 틈을 얻기 위하여 합의상 얼마 동안은 하되 다시 합하라 이는 너희가 절제 못함으로 말미암아 사탄이 너희를 시험하지 못하게 하려 함이라

Q 072

제7계명에서 금하는 것은 무엇입니까?

마태복음 5:28	나는 너희에게 이르노니 음욕을 품고 여자를 보는 자마다 마음에 이미 간음하였느니라
마태복음 15:19	마음에서 나오는 것은 악한 생각과 살인과 간음과 음란과 도둑질과 거짓 증언과 비방이니
에베소서 5:3-4	음행과 온갖 더러운 것과 탐욕은 너희 중에서 그 이름조차도 부르지 말라 이는 성도에게 마땅한 바니라 누추함과 어리석은 말이나 희롱의 말이 마땅치 아니하니 오히려 감사하는 말을 하라
히브리서 13:4	모든 사람은 결혼을 귀히 여기고 침소를 더럽히지 않게 하라 음행하는 자들과 간음하는 자들을 하나님이 심판하시리라

증거구절

마 5:28 | 마 15:19 | 엡 5:3-4 | 히 13:4
딤후 2:22 | 고전 6:9-10

A 제7계명이 금하는 것은 모든 순결하지 못한 생각과 말과 행동입니다.

말, 행동
모두 안 된다!

음라.. ㄴ ...

움찔

디모데후서 2:22   또한 너는 청년의 정욕을 피하고 주를 깨끗한 마음으로 부르는 자들과 함께
의와 믿음과 사랑과 화평을 따르라

고린도전서 6:9-10   불의한 자가 하나님의 나라를 유업으로 받지 못할 줄을 알지 못하느냐 미혹
을 받지 말라 음행하는 자나 우상 숭배하는 자나 간음하는 자나 탐색하는 자
나 남색하는 자나 도적이나 탐욕을 부리는 자나 술 취하는 자나 모욕하는 자
나 속여 빼앗는 자들은 하나님의 나라를 유업으로 받지 못하리라

Q 073

제8계명은 무엇입니까?

슬그머니

신명기 5:19   도둑질 하지 말지니라

A 제8계명은 "도둑질하지 말라"입니다.

Q 074

제8계명이 요구하는 것은 무엇입니까?

에베소서 4:28	도둑질하는 자는 다시 도둑질하지 말고 돌이켜 가난한 자에게 구제할 수 있도록 자기 손으로 수고하여 선한 일을 하라
잠언 12:27	게으른 자는 그 잡을 것도 사냥하지 아니하나니 사람의 부귀는 부지런한 것이니라
잠언 27:23	네 양 떼의 형편을 부지런히 살피며 네 소 떼에게 마음을 두라
잠언 13:4	게으른 자는 마음으로 원하여도 얻지 못하나 부지런한 자의 마음은 풍족함을 얻느니라

엡 4:28 | 잠 12:27 | 잠 27:23 | 잠 13:4
딤전 5:8 | 레 25:35

A 제8계명에서 요구하는 것은 합법적인 방법으로 우리 자신들과 다른 사람들의 부와 재산을 얻고 증진시키라는 것입니다.

< 합법적인 방법 >

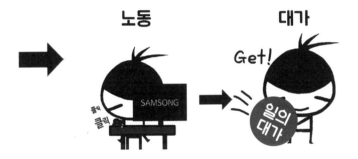

노동　　　　　대가

Get!

SAMSONG

일의 대가

디모데전서 5:8　　누구든지 자기 친족 특히 자기 가족을 돌보지 아니하면 믿음을 배반한 자요 불신자보다 더 악한 자니라

레위기 25:35　　네 형제가 가난하게 되어 빈 손으로 네 곁에 있거든 너는 그를 도와 거류민이 나 동거인처럼 너와 함께 생활하게 하되

Q 075

제8계명에서 금하는 것은 무엇입니까?

에베소서 4:28 도둑질하는 자는 다시 도둑질하지 말고 돌이켜 가난한 자에게 구제할 수 있도록 자기 손으로 수고하여 선한 일을 하라

잠언 21:6 속이는 말로 재물을 모으는 것은 죽음을 구하는 것이라 곧 불려다니는 안개니라

엡 4:28 | 잠 21:6 | 약 5:4

A 제8계명에서 금하는 것은 무엇이든지 우리 자신이나 이웃의 부와 재산을 부당하게 저해하거나 저해할 소지가 있는 일입니다.

야고보서 5:4 보라 너희 밭에서 추수한 품꾼에게 주지 아니한 삯이 소리 지르며 그 추수한 자의 우는 소리가 만군의 주의 귀에 들렸느니라

Q 076

제9계명은 무엇입니까?

신명기 5:20   네 이웃에 대하여 거짓 증거하지 말지니라

출 20:16 | 신 5:20

A 제9계명은 "네 이웃에 대하여 거짓 증거하지 말라"입니다.

Q 077

제9계명에서 요구하는 것은 무엇입니까?

스가랴 8:16
너희가 행할 일은 이러하니라 너희는 이웃과 더불어 진리를 말하며 너희 성문에서 진실하고 화평한 재판을 베풀고

예레미야 9:3-6
여호와의 말씀이니라 그들이 활을 당김 같이 그들의 혀를 놀려 거짓을 말하며 그들이 이 땅에서 강성하나 진실하지 아니하고 악에서 악으로 진행하며 또 나를 알지 못하느니라 너희는 각기 이웃을 조심하며 어떤 형제든지 믿지 말라 형제마다 완전히 속이며 이웃마다 다니며 비방함이라 그들은 각기 이웃을 속이며 진실을 말하지 아니하며 그들의 혀로 거짓말하기를 가르치며 악을 행하기에 지치거늘 네가 사는 곳이 속이는 일 가운데 있도다 그들은 속이는 일로 말미암아 나를 알기를 싫어하느니라 여호와의 말씀이니라

슥8:16 | 렘 9:3-6 | 잠 14:5, 25

A 제9계명에서 요구하는 것은 사람과 사람 사이의 진실함과 또 우리 자신과 우리 이웃의 명예를 보존하며 증진시키는 것인데, 특히 증언할 때에 그렇게 해야합니다.

잠언 14:5, 25   신실한 증인은 거짓말을 아니하여도 거짓 증인은 거짓말을 뱉느니라 / 진실한 증인은 사람의 생명을 구원하여도 거짓말을 뱉는 사람은 속이느니라

Q 078

제9계명에서 금하는 것은 무엇입니까?

잠언 19:5   거짓 증인은 벌을 면하지 못할 것이요 거짓말을 하는 자도 피하지 못하리라

시편 12:3   여호와께서 모든 아첨하는 입술과 자랑하는 혀를 끊으시리니

로마서 3:13   그들의 목구멍은 열린 무덤이요 그 혀로는 속임을 일삼으며 그 입술에는 독사의 독이 있고

잠언 6:16-19 여호와께서 미워하시는 것 곧 그의 마음에 싫어하시는 것이 예닐곱 가지이니 곧 교만한 눈과 거짓된 혀와 무죄한 자의 피를 흘리는 손과 악한 계교를 꾀하는 마음과 빨리 악으로 달려가는 발과 거짓을 말하는 망령된 증인과 및 형제 사이를 이간하는 자이니라

증거구절

잠 19:5 | 시 12:3 | 롬 3:13 | 잠 6:16-19
골 3:9 | 눅 3:14 | 시 15:3 | 레 19:16

A 제9계명에서 금하는 것은 무엇이든지 진실을 왜곡하거나 혹은 우리 자신과 우리 이웃의 명예를 손상시키는 일입니다.

골로새서 3:9	너희가 서로 거짓말을 하지 말라 옛 사람과 그 행위를 벗어 버리고
누가복음 3:14	군인들도 물어 이르되 우리는 무엇을 하리이까 하매 이르되 사람에게서 강탈하지 말며 거짓으로 고발하지 말고 받는 급료를 족한 줄로 알라 하니라
시편 15:3	그의 혀로 남을 허물하지 아니하고 그의 이웃에게 악을 행하지 아니하며 그의 이웃을 비방하지 아니하며
레위기 19:16	너는 네 백성 중에 돌아다니며 사람을 비방하지 말며 네 이웃의 피를 흘려 이익을 도모하지 말라 나는 여호와이니라

Q 079

제10계명은 무엇입니까?

우왕~

출애굽기 20:17 네 이웃의 집을 탐내지 말라 네 이웃의 아내나 그의 남종이나 그의 여종이나 그의 소나 그의 나귀나 무릇 네 이웃의 소유를 탐내지 말라

신명기 5:21 네 이웃의 아내를 탐내지 말지니라 네 이웃의 집이나 그의 밭이나 그의 남종이나 그의 여종이나 그의 소나 그의 나귀나 네 이웃의 모든 소유를 탐내지 말지니라

누가복음 12:1-15 그 동안에 무리 수만 명이 모여 서로 밟힐 만큼 되었더니 예수께서 먼저 제자들에게 말씀하여 이르시되 바리새인들의 누룩 곧 외식을 주의하라 감추인 것이 드러나지 않을 것이 없고 숨긴 것이 알려지지 않을 것이 없나니 이러므로 너희가 어두운 데서 말한 모든 것이 광명한 데서 들리고 너희가 골방에서 귀에 대고 말한 것이 지붕 위에서 전파되리라 내가 내 친구 너희에게 말하노니 몸을 죽이고 그 후에는 능히 더 못하는 자들을 두려워하지 말라 마땅히 두려워할 자를 내가 너희에게 보이리니 곧 죽인 후에 또한 지옥에 던져 넣는 권세 있는 그를 두려워하라 내가 참으로 너희에게 이르노니 그를 두려워하라 참새 다섯 마리가 두 앗

출 20:17 | 신 5:21 | 눅 12:1-15

A 제10계명은 "네 이웃의 집을 탐내지 말라 네 이웃의 아내나 그의 남종이나 그의 여종이나 그의 소나 그의 나귀나 무릇 네 이웃의 소유를 탐내지 말라"입니다.

사리온에 팔리는 것이 아니냐 그러나 하나님 앞에는 그 하나도 잊어버리시는 바되지 아니하는도다 너희에게는 심지어 머리털까지도 다 세신 바 되었나니 두려워하지 말라 너희는 많은 참새보다 더 귀하니라 내가 또한 너희에게 말하노니누구든지 사람 앞에서 나를 시인하면 인자도 하나님의 사자들 앞에서 그를 시인할 것이요 사람 앞에서 나를 부인하는 자는 하나님의 사자들 앞에서 부인을 당하리라 누구든지 말로 인자를 거역하면 사하심을 받으려니와 성령을 모독하는자는 사하심을 받지 못하리라 사람이 너희를 회당이나 위정자나 권세 있는 자앞에 끌고 가거든 어떻게 무엇으로 대답하며 무엇으로 말할까 염려하지 말라 마땅히 할 말을 성령이 곧 그 때에 너희에게 가르치시리라 하시니라 무리 중에 한사람이 이르되 선생님 내 형을 명하여 유산을 나와 나누게 하소서 하니 이르시되 이 사람아 누가 나를 너희의 재판장이나 물건 나누는 자로 세웠느냐 하시고그들에게 이르시되 삼가 모든 탐심을 물리치라 사람의 생명이 그 소유의 넉넉한데 있지 아니하니라 하시고

Q 080

제10계명에서 요구하는 것은 무엇입니까?

히브리서 13:5   돈을 사랑하지 말고 있는 바를 족한 줄로 알라 그가 친히 말씀하시기를 내가
결코 너희를 버리지 아니하고 너희를 떠나지 아니하리라 하셨느니라

디모데전서 6:6   그러나 자족하는 마음이 있으면 경건은 큰 이익이 되느니라

A 제10계명이 요구하는 것은 우리 자신의 형편에 온전히 만족하고 우리 이웃과 이웃의 모든 소유에 대하여 올바르고 우호적인 정신 상태를 가지라는 것입니다.

로마서 12:15   즐거워하는 자들과 함께 즐거워하고 우는 자들과 함께 울라

레위기 19:18   원수를 갚지 말며 동포를 원망하지 말며 네 이웃 사랑하기를 네 자신과 같이 사랑하라 나는 여호와이니라

WESTMINSTER SHORTER CATECHISM

Q 081

제10계명에서 금하는 것은 무엇입니까?

디모데전서 6:8	우리가 먹을 것과 입을 것이 있은즉 족한 줄로 알 것이니라
누가복음 12:15	그들에게 이르시되 삼가 모든 탐심을 물리치라 사람의 생명이 그 소유의 넉넉한 데 있지 아니하니라 하시고
시편 37:7	여호와 앞에 잠잠하고 참고 기다리라 자기 길이 형통하며 악한 꾀를 이루는 자 때문에 불평하지 말지어다
전도서 10:20	심중에라도 왕을 저주하지 말며 침실에서라도 부자를 저주하지 말라 공중의 새가 그 소리를 전하고 날짐승이 그 일을 전파할 것임이니라

증거구절

딤전 6:8 | 눅 12:15 | 시 37:7 | 전 10:20
삼하 12:9 | 왕상 21:4

A 제10계명이 금하는 것은 우리 자신의 재산에 대한 모든 불만, 우리 이웃의 재산에 대해 시샘하고 배 아파하는 것, 이웃이 가진 어떤 소유에 대한 모든 과도한 충동이나 애착입니다.

사무엘하 12:9	그러한데 어찌하여 네가 여호와의 말씀을 업신여기고 나 보기에 악을 행하였느냐 네가 칼로 헷 사람 우리아를 치되 암몬 자손의 칼로 죽이고 그의 아내를 빼앗아 네 아내로 삼았도다
열왕기상 21:4	이스르엘 사람 나봇이 아합에게 대답하여 이르기를 내 조상의 유산을 왕께 줄 수 없다 하므로 아합이 근심하고 답답하여 왕궁으로 돌아와 침상에 누워 얼굴을 돌리고 식사를 아니하니

Q 082

사람이 하나님의 계명을 온전히 지킬 수 있습니까?

어디 가니?

깜짝

계 명

100%는 못할 것 같아요

타락

열왕기상 8:46	범죄하지 아니하는 사람이 없사오니 그들이 주께 범죄함으로 주께서 그들에게 진노하사 그들을 적국에게 넘기시매 적국이 그들을 사로잡아 원근을 막론하고 적국의 땅으로 끌어간 후에
요한일서 1:8-10	만일 우리가 죄가 없다고 말하면 스스로 속이고 또 진리가 우리 속에 있지 아니할 것이요 만일 우리가 우리 죄를 자백하면 그는 미쁘시고 의로우사 우리 죄를 사하시며 우리를 모든 불의에서 깨끗하게 하실 것이요 만일 우리가 범죄하지 아니하였다 하면 하나님을 거짓말하는 이로 만드는 것이니 또한 그의 말씀이 우리 속에 있지 아니하니라
로마서 3:9-10	그러면 어떠하냐 우리는 나으냐 결코 아니라 유대인이나 헬라인이나 다 죄 아래에 있다고 우리가 이미 선언하였느니라 기록된 바 의인은 없나니 하나도 없으며

왕상 8:46 | 요일 1:8-10 | 롬 3:9-10
전 7:20 | 창 8:21 | 약 3:1-2 | 롬 3:12, 23

A 타락한 후로는 어떤 사람도 현세에서 하나님의 계명을 온전히 지키지 못하고 오히려 날마다 생각과 말과 행동으로 계명을 범합니다.

< 계명을 범하는 中 >

전도서 7:20	선을 행하고 전혀 죄를 범하지 아니하는 의인은 세상에 없기 때문이로다
창세기 8:21	여호와께서 그 향기를 받으시고 그 중심에 이르시되 내가 다시는 사람으로 말미암아 땅을 저주하지 아니하리니 이는 사람의 마음이 계획하는 바가 어려서부터 악함이라 내가 전에 행한 것 같이 모든 생물을 다시 멸하지 아니하리니
야고보서 3:1-2	내 형제들아 너희는 선생된 우리가 더 큰 심판을 받을 줄 알고 선생이 많이 되지 말라 우리가 다 실수가 많으니 만일 말에 실수가 없는 자라면 곧 온전한 사람이라 능히 온 몸도 굴레 씌우리라
로마서 3:12,23	다 치우쳐 함께 무익하게 되고 선을 행하는 자는 없나니 하나도 없도다 / 모든 사람이 죄를 범하였으매 하나님의 영광에 이르지 못하더니

Q 083

율법을 범한 모든 죄가 동등하게 가증합니까?

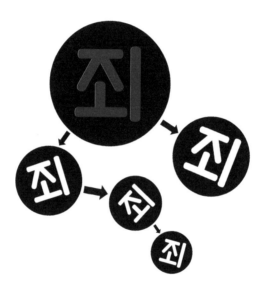

에스겔 8:6

그가 또 내게 이르시되 인자야 이스라엘 족속이 행하는 일을 보느냐 그들이 여기에서 크게 가증한 일을 행하여 나로 내 성소를 멀리 떠나게 하느니라 너는 다시 다른 큰 가증한 일을 보리라 하시더라

시편 78:17,32,56

그들은 계속해서 하나님께 범죄하여 메마른 땅에서 지존자를 배반하였도다 / 이러함에도 그들은 여전히 범죄하여 그의 기이한 일들을 믿지 아니하였으므로 / 그러나 그들은 지존하신 하나님을 시험하고 반항하여 그의 명령을 지키지 아니하며

요한복음 19:11

예수께서 대답하시되 위에서 주지 아니하셨더라면 나를 해할 권한이 없었으리니 그러므로 나를 네게 넘겨 준 자의 죄는 더 크다 하시니라

증거구절

겔 8:6 | 시 78:17, 32, 56 | 요 19:11
눅 12:10 | 히 10:29

A 어떠한 죄는 그 자체에 있어서, 그리고 여러 가지 악화시키는 요소들 때문에 하나님 보시기에 다른 죄들보다 더 가증합니다.

누가복음 12:10   누구든지 말로 인자를 거역하면 사하심을 받으려니와 성령을 모독하는 자는 사하심을 받지 못하리라

히브리서 10:29   하물며 하나님의 아들을 짓밟고 자기를 거룩하게 한 언약의 피를 부정한 것으로 여기고 은혜의 성령을 욕되게 하는 자가 당연히 받을 형벌은 얼마나 더 무겁겠느냐 너희는 생각하라

Q 084

모든 죄가 마땅히 받아야 할 보응은 무엇입니까?

에베소서 5:6	누구든지 헛된 말로 너희를 속이지 못하게 하라 이로 말미암아 하나님의 진노가 불순종의 아들들에게 임하나니
로마서 6:23	죄의 삯은 사망이요 하나님의 은사는 그리스도 예수 우리 주 안에 있는 영생이니라
갈라디아서 3:10	무릇 율법 행위에 속한 자들은 저주 아래에 있나니 기록된 바 누구든지 율법 책에 기록된 대로 모든 일을 항상 행하지 아니하는 자는 저주 아래에 있는 자라 하였음이라

A 모든 죄가 현세와 내세에서 하나님의 진노와 저주를 받아 마땅합니다.

예레미야애가 3:39   살아 있는 사람은 자기 죄들 때문에 벌을 받나니 어찌 원망하랴

마태복음 25:41   또 왼편에 있는 자들에게 이르시되 저주를 받은 자들아 나를 떠나 마귀와 그 사자들을 위하여 예비된 영원한 불에 들어가라

Q 085

우리의 죄로 인하여 마땅히 받아야 할
하나님의 진노와 저주를 피하도록 하기 위해
하나님께서 우리에게 요구하시는 것은
무엇입니까?

진노와 저주를
피하게 하려면?

사도행전 16:31	이르되 주 예수를 믿으라 그리하면 너와 네 집이 구원을 받으리라 하고
사도행전 20:21	유대인과 헬라인들에게 하나님께 대한 회개와 우리 주 예수 그리스도께 대한 믿음을 증언한 것이라
요한복음 3:18	그를 믿는 자는 심판을 받지 아니하는 것이요 믿지 아니하는 자는 하나님의 독생자의 이름을 믿지 아니하므로 벌써 심판을 받은 것이니라
사도행전 11:18	그들이 이 말을 듣고 잠잠하여 하나님께 영광을 돌려 이르되 그러면 하나님께서 이방인에게도 생명 얻는 회개를 주셨도다 하니라

행 16:31 | 20:21 | 요 3:18 | 행 11:18
행 2:38 | 빌 2:12 | 벧후 1:10 | 딤전 4:16

A 우리의 죄로 인하여 마땅히 받아야 할 하나님의 진노와 저주를 피할 수 있도록 하기 위하여, 하나님께서 우리에게 예수 그리스도를 믿을 것과 생명에 이르는 회개와 그리스도께서 구속의 은덕을 전달하시는 모든 외적 방편들을 힘써 사용할 것을 요구하십니다.

사도행전 2:38	베드로가 이르되 너희가 회개하여 각각 예수 그리스도의 이름으로 세례를 받고 죄 사함을 받으라 그리하면 성령의 선물을 받으리니
빌립보서 2:12	그러므로 나의 사랑하는 자들아 너희가 나 있을 때뿐 아니라 더욱 지금 나 없을 때에도 항상 복종하여 두렵고 떨림으로 너희 구원을 이루라
베드로후서 1:10	그러므로 형제들아 더욱 힘써 너희 부르심과 택하심을 굳게 하라 너희가 이것을 행한즉 언제든지 실족하지 아니하리라
디모데전서 4:16	네가 네 자신과 가르침을 살펴 이 일을 계속하라 이것을 행함으로 네 자신과 네게 듣는 자를 구원하리라

Q 086

예수 그리스도를 믿는다는 것은 무엇입니까?

구원의
은혜

우와~

히브리서 10:39	우리는 뒤로 물러가 멸망할 자가 아니요 오직 영혼을 구원함에 이르는 믿음을 가진 자니라
에베소서 2:8	너희는 그 은혜에 의하여 믿음으로 말미암아 구원을 받았으니 이것은 너희에게서 난 것이 아니요 하나님의 선물이라
요한복음 1:12	영접하는 자 곧 그 이름을 믿는 자들에게는 하나님의 자녀가 되는 권세를 주셨으니

A 예수 그리스도를 믿는다는 것은 구원의 은혜인데, 이 은혜로 말미암아 복음에 제시된 대로 구원을 얻기 위하여 우리가 예수를 영접하고 그 분만 의지하는 것입니다.

빌립보서 3:9 그 안에서 발견되려 함이니 내가 가진 의는 율법에서 난 것이 아니요 오직 그리스도를 믿음으로 말미암은 것이니 곧 믿음으로 하나님께로부터 난 의라

갈라디아서 2:16 사람이 의롭게 되는 것은 율법의 행위로 말미암음이 아니요 오직 예수 그리스도를 믿음으로 말미암는 줄 알므로 우리도 그리스도 예수를 믿나니 이는 우리가 율법의 행위로써가 아니고 그리스도를 믿음으로써 의롭다 함을 얻으려 함이라 율법의 행위로써는 의롭다 함을 얻을 육체가 없느니라

Q 087

생명에 이르는 회개는 무엇입니까?

사도행전 11:18	그들이 이 말을 듣고 잠잠하여 하나님께 영광을 돌려 이르되 그러면 하나님께서 이방인에게도 생명 얻는 회개를 주셨도다 하니라
사도행전 2:37-38	그들이 이 말을 듣고 마음에 찔려 베드로와 다른 사도들에게 물어 이르되 형제들아 우리가 어찌할꼬 하거늘 베드로가 이르되 너희가 회개하여 각각 예수 그리스도의 이름으로 세례를 받고 죄 사함을 받으라 그리하면 성령의 선물을 받으리니
요엘 2:13	너희는 옷을 찢지 말고 마음을 찢고 너희 하나님 여호와께로 돌아올지어다 그는 은혜로우시며 자비로우시며 노하기를 더디하시며 인애가 크시사 뜻을 돌이켜 재앙을 내리지 아니하시나니
사도행전 26:18	그 눈을 뜨게 하여 어둠에서 빛으로, 사탄의 권세에서 하나님께로 돌아오게 하고 죄 사함과 나를 믿어 거룩하게 된 무리 가운데서 기업을 얻게 하리라 하더이다

A 생명에 이르는 회개는 구원하는 은혜인데, 이로 말미암아 죄인이 자기 죄를 바로 알고 그리스도 안에서 하나님의 자비를 깨달아, 자기 죄를 슬퍼하고 미워함으로 죄에서 떠나 하나님께로 돌아가며, 새로운 순종을 목적으로 삼고 그것을 추구하는 것입니다.

시편 119:59	내가 내 행위를 생각하고 주의 증거들을 향하여 내 발길을 돌이켰사오며
로마서 6:18	죄로부터 해방되어 의에게 종이 되었느니라
에스겔 36:31	그 때에 너희가 너희 악한 길과 너희 좋지 못한 행위를 기억하고 너희 모든 죄악과 가증한 일로 말미암아 스스로 미워 보리라
로마서 1:5	그로 말미암아 우리가 은혜와 사도의 직분을 받아 그의 이름을 위하여 모든 이방인 중에서 믿어 순종하게 하나니
로마서 16:26	이제는 나타내신 바 되었으며 영원하신 하나님의 명을 따라 선지자들의 글로 말미암아 모든 민족이 믿어 순종하게 하시려고 알게 하신 바 그 신비의 계시를 따라 된 것이니 이 복음으로 너희를 능히 견고하게 하실

Q 088

그리스도께서 우리에게 구속의 은덕을 전달하시는 외적이고 통상적인 방편은 무엇입니까?

마태복음 28:19-20	그러므로 너희는 가서 모든 민족을 제자로 삼아 아버지와 아들과 성령의 이름으로 세례를 베풀고 내가 너희에게 분부한 모든 것을 가르쳐 지키게 하라 볼지어다 내가 세상 끝날까지 너희와 항상 함께 있으리라 하시니라
고린도전서 11:23	내가 너희에게 전한 것은 주께 받은 것이니 곧 주 예수께서 잡히시던 밤에 떡을 가지사
마가복음 16:15-16	또 이르시되 너희는 온 천하에 다니며 만민에게 복음을 전파하라 믿고 세례를 받는 사람은 구원을 얻을 것이요 믿지 않는 사람은 정죄를 받으리라
고린도전서 11:23-26	내가 너희에게 전한 것은 주께 받은 것이니 곧 주 예수께서 잡히시던 밤에 떡을 가지사 축사하시고 떼어 이르시되 이것은 너희를 위하는 내 몸이니 이것을 행하여 나를 기념하라 하시고 식후에 또한 그와 같이 잔을 가지시고 이르시되 이 잔은 내 피로 세운 새 언약이니 이것을 행하여 마실 때마다 나를 기념하라

증거구절

마 28:19-20 | 고전 11:23 | 막 16:15-16
고전 11:23-26 | 행 1:14 | 행 6:4 | 고전 3:6
행 2:42, 46-47

A 그리스도께서 그분의 교회에 그분의 중보의 은덕을 전달하는 외적이고 통상적인 방편들은 그분의 모든 규례들, 특히 말씀과 성례와 기도입니다. 이 모든 것은 피택자들이 구원을 받는 데 효력 있게 합니다.

하셨으니 너희가 이 떡을 먹으며 이 잔을 마실 때마다 주의 죽으심을 그가 오실 때까지 전하는 것이니라

사도행전 1:14 여자들과 예수의 어머니 마리아와 예수의 아우들과 더불어 마음을 같이하여 오로지 기도에 힘쓰더라

사도행전 6:4 우리는 오로지 기도하는 일과 말씀 사역에 힘쓰리라 하니

고린도전서 3:6 나는 심었고 아볼로는 물을 주었으되 오직 하나님께서 자라나게 하셨나니

사도행전 2:42, 46-47 그들이 사도의 가르침을 받아 서로 교제하고 떡을 떼며 오로지 기도하기를 힘쓰니라 / 날마다 마음을 같이하여 성전에 모이기를 힘쓰고 집에서 떡을 뗼 때며 기쁨과 순전한 마음으로 음식을 먹고 하나님을 찬미하며 또 온 백성에게 칭송을 받으니 주께서 구원 받는 사람을 날마다 더하게 하시니라

Q 089

말씀이 어떻게 구원에 효력 있게 됩니까?

읽기   **설교**

회개해!

깜짝

시편 19:7-8	여호와의 율법은 완전하여 영혼을 소성시키며 여호와의 증거는 확실하여 우둔한 자를 지혜롭게 하며 여호와의 교훈은 정직하여 마음을 기쁘게 하고 여호와의 계명은 순결하여 눈을 밝게 하시도다
느헤미야 8:8	하나님의 율법책을 낭독하고 그 뜻을 해석하여 백성에게 그 낭독하는 것을 다 깨닫게 하니
야고보서 1:21	그러므로 모든 더러운 것과 넘치는 악을 내버리고 너희 영혼을 능히 구원할 바 마음에 심어진 말씀을 온유함으로 받으라
로마서 1:16-17	내가 복음을 부끄러워하지 아니하노니 이 복음은 모든 믿는 자에게 구원을 주시는 하나님의 능력이 됨이라 먼저는 유대인에게요 그리고 헬라인에게로다 복음에는 하나님의 의가 나타나서 믿음으로 믿음에 이르게 하나니 기록된 바 오직 의인은 믿음으로 말미암아 살리라 함과 같으니라

증거구절

시 19:7-8 | 느 8:8 | 약 1:21 | 롬 1:16-17
롬 10:9 | 행 20:32 | 롬 15:4

A 하나님의 영이 말씀을 읽는 것, 특히 말씀의 설교를 효력 있는 방편으로 삼아, 죄인을 책망하고 회개하게 하시며, 또 믿음으로 말미암아 구원에 이르도록 그들을 거룩함과 위로로 세우십니다.

힘들어도,
잘 믿고 거룩해져야지.

예~!

로마서 10:9 네가 만일 네 입으로 예수를 주로 시인하며 또 하나님께서 그를 죽은 자 가운데서 살리신 것을 네 마음에 믿으면 구원을 받으리라

사도행전 20:32 지금 내가 여러분을 주와 및 그 은혜의 말씀에 부탁하노니 그 말씀이 여러분을 능히 든든히 세우사 거룩하게 하심을 입은 모든 자 가운데 기업이 있게 하시리라

로마서 15:4 무엇이든지 전에 기록된 바는 우리의 교훈을 위하여 기록된 것이니 우리로 하여금 인내로 또는 성경의 위로로 소망을 가지게 함이니라

Q 090

말씀을 어떻게 읽고 들어야 구원에 이르는 효력이 있습니까?

잠언 8:34	누구든지 내게 들으며 날마다 내 문 곁에서 기다리며 문설주 옆에서 기다리는 자는 복이 있나니
베드로전서 2:1-2	그러므로 모든 악독과 모든 기만과 외식과 시기와 모든 비방하는 말을 버리고 갓난 아기들 같이 순전하고 신령한 젖을 사모하라 이는 그로 말미암아 너희로 구원에 이르도록 자라게 하려 함이라
누가복음 8:15	좋은 땅에 있다는 것은 착하고 좋은 마음으로 말씀을 듣고 지키어 인내로 결실하는 자니라
시편 119:18	내 눈을 열어서 주의 율법에서 놀라운 것을 보게 하소서

증거구절

잠 8:34 | 벧전 2:1-2 | 눅 8:15 | 시 119:18
히 4:2 | 롬 1:16 | 벧전 1:8 | 시 119:11 | 약 1:25

A 말씀이 구원에 이르는 효력이 있게 하기 위해, 우리는 부지런함과 준비와 기도로 말씀에 주의를 기울여야 하며, 믿음과 사랑으로 받아야 하며, 그 말씀을 우리 마음에 두고 우리의 삶에서 실천해야 합니다.

< 실천中 >

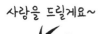
사랑을 드릴게요~

히브리서 4:2 그들과 같이 우리도 복음 전함을 받은 자이나 들은 바 그 말씀이 그들에게 유익하지 못한 것은 듣는 자가 믿음과 결부시키지 아니함이라

로마서 1:16 내가 복음을 부끄러워하지 아니하노니 이 복음은 모든 믿는 자에게 구원을 주시는 하나님의 능력이 됨이라 먼저는 유대인에게요 그리고 헬라인에게로다

베드로전서 1:8 예수를 너희가 보지 못하였으나 사랑하는도다 이제도 보지 못하나 믿고 말할 수 없는 영광스러운 즐거움으로 기뻐하니

시편 119:11 내가 주께 범죄하지 아니하려 하여 주의 말씀을 내 마음에 두었나이다

야고보서 1:25 자유롭게 하는 온전한 율법을 들여다보고 있는 자는 듣고 잊어버리는 자가 아니요 실천하는 자니 이 사람은 그 행하는 일에 복을 받으리라

Q 091

성례는 어떻게
구원의 효력 있는 방편이 됩니까?

성례 자체나 시행하는 사람이
효력을 만드는 게 아니야.

베드로전서 3:21	물은 예수 그리스도께서 부활하심으로 말미암아 이제 너희를 구원하는 표니 곧 세례라 이는 육체의 더러운 것을 제하여 버림이 아니요 하나님을 향한 선한 양심의 간구니라
마태복음 3:11	나는 너희로 회개하게 하기 위하여 물로 세례를 베풀거니와 내 뒤에 오시는 이는 나보다 능력이 많으시니 나는 그의 신을 들기도 감당하지 못하겠노라 그는 성령과 불로 너희에게 세례를 베푸실 것이요
고린도전서 3:6-7	나는 심었고 아볼로는 물을 주었으되 오직 하나님께서 자라나게 하셨나니 그런즉 심는 이나 물 주는 이는 아무 것도 아니로되 오직 자라게 하시는 이는 하나님뿐이니

A 성례는 그 자체나 그것을 시행하는 자의 덕이 아니라, 오직 그리스도의 축복 주심과 믿음으로 성례를 받는 자 속에서 역사하시는 그분의 영의 역사로 말미암아 구원의 효력 있는 방편이 됩니다.

구원의 효력 있는 방편으로서의
성례

디도서 3:5 우리를 구원하시되 우리가 행한 바 의로운 행위로 말미암지 아니하고 오직 그의 긍휼하심을 따라 중생의 씻음과 성령의 새롭게 하심으로 하셨나니

요한복음 1:33 나도 그를 알지 못하였으나 나를 보내어 물로 세례를 베풀라 하신 그이가 나에게 말씀하시되 성령이 내려서 누구 위에든지 머무는 것을 보거든 그가 곧 성령으로 세례를 베푸는 이인 줄 알라 하셨기에

Q 092

성례가 무엇입니까?

규례로 정했다

네!

'성례'

마태복음 28:19	그러므로 너희는 가서 모든 민족을 제자로 삼아 아버지와 아들과 성령의 이름으로 세례를 베풀고
고린도전서 11:26	너희가 이 떡을 먹으며 이 잔을 마실 때마다 주의 죽으심을 그가 오실 때까지 전하는 것이니라

증거구절

마 28:19 | 고전 11:26 | 골 2:11

A 성례는 그리스도께서 제정하신 거룩한 규례인데, 그 안에 그리스도와 새 언약의 은덕들이 감각적인 표로서, 신자들에게 나타나고 인쳐지며 적용되는 것입니다.

골로새서 2:11   또 그 안에서 너희가 손으로 하지 아니한 할례를 받았으니 곧 육의 몸을 벗는 것이요 그리스도의 할례니라

Q 093

신약의 성례는 무엇입니까?

세례

마태복음 28:19	그러므로 너희는 가서 모든 민족을 제자로 삼아 아버지와 아들과 성령의 이름으로 세례를 베풀고
사도행전 10:47-48	이에 베드로가 이르되 이 사람들이 우리와 같이 성령을 받았으니 누가 능히 물로 세례 베풂을 금하리요 하고명하여 예수 그리스도의 이름으로 세례를 베풀라 하니라 그들이 베드로에게 며칠 더 머물기를 청하니라
마태복음 26:26-28	그들이 먹을 때에 예수께서 떡을 가지사 축복하시고 떼어 제자들에게 주시며 이르시되 받아서 먹으라 이것은 내 몸이니라 하시고또 잔을 가지사 감사 기도 하시고 그들에게 주시며 이르시되 너희가 다 이것을 마시라 이것은 죄 사함을 얻게 하려고 많은 사람을 위하여 흘리는 바 나의 피 곧 언약의 피니라

마 28:19 | 행 10:47-48 | 마 26:26-28
고전 11:23-26

A 신약의 성례는 세례와 성찬입니다.

성찬

고린도전서 11:23-26 내가 너희에게 전한 것은 주께 받은 것이니 곧 주 예수께서 잡히시던 밤에 떡을 가지사축사하시고 떼어 이르시되 이것은 너희를 위하는 내 몸이니 이것을 행하여 나를 기념하라 하시고식후에 또한 그와 같이 잔을 가지시고 이르시되 이 잔은 내 피로 세운 새 언약이니 이것을 행하여 마실 때마다 나를 기념하라 하셨으니 너희가 이 떡을 먹으며 이 잔을 마실 때마다 주의 죽으심을 그가 오실 때까지 전하는 것이니라

Q 094

세례가 무엇입니까?

마태복음 28:19	그러므로 너희는 가서 모든 민족을 제자로 삼아 아버지와 아들과 성령의 이름으로 세례를 베풀고
갈라디아서 3:27	누구든지 그리스도와 합하기 위하여 세례를 받은 자는 그리스도로 옷 입었느니라
로마서 6:3-4	무릇 그리스도 예수와 합하여 세례를 받은 우리는 그의 죽으심과 합하여 세례를 받은 줄을 알지 못하느냐 그러므로 우리가 그의 죽으심과 합하여 세례를 받음으로 그와 함께 장사되었나니 이는 아버지의 영광으로 말미암아 그리스도를 죽은 자 가운데서 살리심과 같이 우리로 또한 새생명 가운데서 행하게 하려 함이라

증거구절

마 28:19 | 갈 3:27 | 롬 6:3-4

A 세례는 성부와 성자와 성령의 이름으로 물로써 씻는 성례인데, 이로써 우리가 그리스도에게 접붙여짐과 은혜 언약의 모든 은덕에 참여함과 우리가 주님의 소유가 되기로 약속함을 표하며 인치는 것입니다.

접붙여짐

은혜 언약의
은덕에 참여

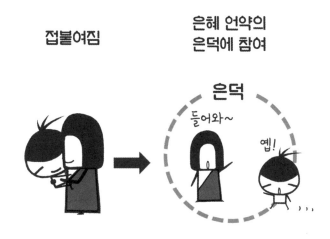

약속

인침

Q 095

누구에게 세례를 베풀어야 합니까?

< 세례자의 자격 >

믿음   순종

사도행전 2:41	그 말을 받은 사람들은 세례를 받으매 이 날에 신도의 수가 삼천이나 더하더라
사도행전 10:47	이에 베드로가 이르되 이 사람들이 우리와 같이 성령을 받았으니 누가 능히 물로 세례 베풂을 금하리요 하고
창세기 17:10	너희 중 남자는 다 할례를 받으라 이것이 나와 너희와 너희 후손 사이에 지킬 내 언약이니라
골로새서 2:11	또 그 안에서 너희가 손으로 하지 아니한 할례를 받았으니 곧 육의 몸을 벗는 것이요 그리스도의 할례니라

행 2:41 | 행 10:47 | 창 17:10 | 골 2:11
행 2:38-39 | 고전 7:14

A 세례는 그리스도에 대한 믿음과 순종을 고백할 때까지 유형 교회 밖에 있는 어느 누구에게도 베풀어서는 안됩니다. 그러나 유형 교회의 회원들의 유아들은 세례를 받아야 합니다.

사도행전 2:38-39 베드로가 이르되 너희가 회개하여 각각 예수 그리스도의 이름으로 세례를 받고 죄 사함을 받으라 그리하면 성령의 선물을 받으리니 이 약속은 너희와 너희 자녀와 모든 먼 데 사람 곧 주 우리 하나님이 얼마든지 부르시는 자들에게 하신 것이라 하고

고린도전서 7:14 믿지 아니하는 남편이 아내로 말미암아 거룩하게 되고 믿지 아니하는 아내가 남편으로 말미암아 거룩하게 되나니 그렇지 아니하면 너희 자녀도 깨끗하지 못하니라 그러나 이제 거룩하니라

Q 096

성찬이 무엇입니까?

고린도전서 11:23-26 내가 너희에게 전한 것은 주께 받은 것이니 곧 주 예수께서 잡히시던 밤에 떡을 가지사 축사하시고 떼어 이르시되 이것은 너희를 위하는 내 몸이니 이것을 행하여 나를 기념하라 하시고 식후에 또한 그와 같이 잔을 가지시고 이르시되 이 잔은 내 피로 세운 새 언약이니 이것을 행하여 마실 때마다 나를 기념하라 하셨으니 너희가 이 떡을 먹으며 이 잔을 마실 때마다 주의 죽으심을 그가 오실 때까지 전하는 것이니라

누가복음 22:19-20 또 떡을 가져 감사 기도 하시고 떼어 그들에게 주시며 이르시되 이것은 너희를 위하여 주는 내 몸이라 너희가 이를 행하여 나를 기념하라 하시고 저녁 먹은 후에 잔도 그와 같이 하여 이르시되 이 잔은 내 피로 세우는 새 언약이니 곧 너희를 위하여 붓는 것이라

고전 11:23-26 | 눅 22:19-20
마 26:26-28 | 고전 10:16

A 성찬은 그리스도께서 제정하신 대로 떡과 포도주를 주고받음으로써 그 분의 죽음을 나타내 보이는 성례입니다. 이 성례를 합당하게 받는 자는 육체적이고 물질적인 방법으로써가 아니라 믿음으로써, 그 분의 몸과 피에 참여하는 자가 되어, 그분의 모든 은덕과 영적 양식을 받아 은혜 안에서 성장합니다.

마태복음 26:26-28   그들이 먹을 때에 예수께서 떡을 가지사 축복하시고 떼어 제자들에게 주시며 이르시되 받아서 먹으라 이것은 내 몸이니라 하시고 또 잔을 가지사 감사 기도 하시고 그들에게 주시며 이르시되 너희가 다 이것을 마시라 이것은 죄 사함을 얻게 하려고 많은 사람을 위하여 흘리는 바 나의 피 곧 언약의 피니라

고린도전서 10:16   우리가 축복하는 바 축복의 잔은 그리스도의 피에 참여함이 아니며 우리가 떼는 떡은 그리스도의 몸에 참여함이 아니냐

Q 097

성찬을 합당하게 받는 데 있어서 요구되는 것은 무엇입니까?

고린도전서 11:28-29 사람이 자기를 살피고 그 후에야 이 떡을 먹고 이 잔을 마실지니 주의 몸을 분별하지 못하고 먹고 마시는 자는 자기의 죄를 먹고 마시는 것이니라

요한복음 6:53-56 예수께서 이르시되 내가 진실로 진실로 너희에게 이르노니 인자의 살을 먹지 아니하고 인자의 피를 마시지 아니하면 너희 속에 생명이 없느니라 내 살을 먹고 내 피를 마시는 자는 영생을 가졌고 마지막 날에 내가 그를 다시 살리리니 내 살은 참된 양식이요 내 피는 참된 음료로다 내 살을 먹고 내 피를 마시는 자는 내 안에 거하고 나도 그의 안에 거하나니

고린도후서 13:5 너희는 믿음 안에 있는가 너희 자신을 시험하고 너희 자신을 확증하라 예수 그리스도께서 너희 안에 계신 줄을 너희가 스스로 알지 못하느냐 그렇지 않으면 너희는 버림 받은 자니라

고전 11:28-29 | 요 6:53-56 | 고후 13:5 | 슥12:10
요일 1:9 | 갈 5:6 | 고전 14:1 | 요일 3:11 | 요일 4:20
롬 1:5 | 롬 16:26 | 롬 6:12-13 | 고전 11:27-32

A 성찬에 합당하게 참여하는 자에게 요구되는 것은 주님의 몸을 분별할 줄 아는 지식과 주님을 양식으로 삼는 그들의 믿음과 회개와 사랑과 새로운 순종이 자신들에게 있는지 스스로 살피는 것입니다. 혹 합당하지 않게 참여하여 자기들에게 돌아올 심판을 먹고 마시지 않도록 해야 합니다.

스가랴 12:10	내가 다윗의 집과 예루살렘 주민에게 은총과 간구하는 심령을 부어 주리니 그들이 그 찌른 바 그를 바라보고 그를 위하여 애통하기를 독자를 위하여 애통하듯 하며 그를 위하여 통곡하기를 장자를 위하여 통곡하듯 하리로다
요한일서 1:9	만일 우리가 우리 죄를 자백하면 그는 미쁘시고 의로우사 우리 죄를 사하시며 우리를 모든 불의에서 깨끗하게 하실 것이요
갈라디아서 5:6	그리스도 예수 안에서는 할례나 무할례나 효력이 없으되 사랑으로써 역사하는 믿음뿐이니라
고린도전서 14:1	사랑을 추구하며 신령한 것들을 사모하되 특별히 예언을 하려고 하라
요한일서 3:11	우리는 서로 사랑할지니 이는 너희가 처음부터 들은 소식이라 (이하 생략)

기도란 무엇입니까?

Q 098

요한일서 5:14	그를 향하여 우리가 가진 바 담대함이 이것이니 그의 뜻대로 무엇을 구하면 들으심이라
요한복음 15:7	너희가 내 안에 거하고 내 말이 너희 안에 거하면 무엇이든지 원하는 대로 구하라 그리하면 이루리라
시편 10:17	여호와여 주는 겸손한 자의 소원을 들으셨사오니 그들의 마음을 준비하시며 귀를 기울여 들으시고
요한복음 16:24	지금까지는 너희가 내 이름으로 아무 것도 구하지 아니하였으나 구하라 그리하면 받으리니 너희 기쁨이 충만하리라

요일 5:14 | 요 15:7 | 시 10:17 | 요 16:24
단 9:4 | 요일 1:9 | 빌 4:6

A 기도는 하나님의 뜻에 합당한 것들에 대해 우리의 소원을 그리스도의 이름으로 하나님께 아뢰는 것인데, 우리 죄에 대한 고백과 그분의 긍휼에 감사한 마음을 가지고서 해야 합니다.

다니엘 9:4	내 하나님 여호와께 기도하며 자복하여 이르기를 크시고 두려워할 주 하나님, 주를 사랑하고 주의 계명을 지키는 자를 위하여 언약을 지키시고 그에게 인자를 베푸시는 이시여
요한일서 1:9	만일 우리가 우리 죄를 자백하면 그는 미쁘시고 의로우사 우리 죄를 사하시며 우리를 모든 불의에서 깨끗하게 하실 것이요
빌립보서 4:6	아무 것도 염려하지 말고 다만 모든 일에 기도와 간구로, 너희 구할 것을 감사함으로 하나님께 아뢰라

Q 099

하나님께서 우리가 기도하는 데 지침으로 어떤 법칙을 주셨습니까?

말씀(성경)이
기도의 지침이다

말씀(성경)

디모데후서 3:16-17   모든 성경은 하나님의 감동으로 된 것으로 교훈과 책망과 바르게 함과 의로
교육하기에 유익하니 이는 하나님의 사람으로 온전하게 하며 모든 선한 일을
행할 능력을 갖추게 하려 함이라

요한일서 5:14   그를 향하여 우리가 가진 바 담대함이 이것이니 그의 뜻대로 무엇을 구하면
들으심이라

A 하나님의 말씀 전체가 우리가 기도하는 데 지침으로 사용되지만, 이 지침의 특별한 법칙은 그리스도께서 자기 제자들에게 가르치신 기도의 형태인데, 보통 주기도문이라고 불립니다.

마태복음 6:9-13 그러므로 너희는 이렇게 기도하라 하늘에 계신 우리 아버지여 이름이 거룩히 여김을 받으시오며 나라가 임하시오며 뜻이 하늘에서 이루어진 것 같이 땅에서도 이루어지이다 오늘 우리에게 일용할 양식을 주시옵고 우리가 우리에게 죄 지은 자를 사하여 준 것 같이 우리 죄를 사하여 주시옵고 우리를 시험에 들게 하지 마시옵고 다만 악에서 구하시옵소서 (나라와 권세와 영광이 아버지께 영원히 있사옵나이다 아멘)

Q 100

주기도문의 서언은 우리에게 무엇을 가르칩니까?

로마서 8:15	너희는 다시 무서워하는 종의 영을 받지 아니하고 양자의 영을 받았으므로 우리가 아빠 아버지라고 부르짖느니라
갈라디아서 4:6	너희가 아들이므로 하나님이 그 아들의 영을 우리 마음 가운데 보내사 아빠 아버지라 부르게 하셨느니라
마태복음 7:11	너희가 악한 자라도 좋은 것으로 자식에게 줄 줄 알거든 하물며 하늘에 계신 너희 아버지께서 구하는 자에게 좋은 것으로 주시지 않겠느냐
누가복음 11:13	너희가 악할지라도 좋은 것을 자식에게 줄 줄 알거든 하물며 너희 하늘 아버지께서 구하는 자에게 성령을 주시지 않겠느냐 하시니라
시편 18:1-2	나의 힘이신 여호와여 내가 주를 사랑하나이다 여호와는 나의 반석이시요 나의 요새시요 나를 건지시는 이시요 나의 하나님이시요 내가 그 안에 피할 나의 바위시요 나의 방패시요 나의 구원의 뿔이시요 나의 산성이시로다

증거구절

롬 8:15 | 갈 4:6 | 마 7:11 | 눅 11:13 | 시 18:1-2
시 145:19 | 엡 3:12 | 엡 6:18 | 슥8:21 | 딤전 2:1-2

A "하늘에 계신 우리 아버지여"라고 한 주기도문의 서언이 우리에게 가르치는 것은 자녀가 아버지에게 나아가는 것처럼, 우리를 도울 수 있고 또 기꺼이 도우려 하시는 하나님께 거룩한 경외와 확신을 가지고 나아갈 것, 그리고 우리가 다른 사람들과 함께 또 다른 사람들을 위해 기도해야 한다는 것입니다.

이걸 가지고 하나님께 가야지!

옳지!

성부

경외 확신

'우리'를 위해서

시편 145:19   그는 자기를 경외하는 자들의 소원을 이루시며 또 그들의 부르짖음을 들으사 구원하시리로다

에베소서 3:12   우리가 그 안에서 그를 믿음으로 말미암아 담대함과 확신을 가지고 하나님께 나아감을 얻느니라

에베소서 6:18   모든 기도와 간구를 하되 항상 성령 안에서 기도하고 이를 위하여 깨어 구하기를 항상 힘쓰며 여러 성도를 위하여 구하라

스가랴 8:21   이 성읍 주민이 저 성읍에 가서 이르기를 우리가 속히 가서 만군의 여호와를 찾고 여호와께 은혜를 구하자 하면 나도 가겠노라 하겠으며

디모데전서 2:1-2 그러므로 내가 첫째로 권하노니 모든 사람을 위하여 간구와 기도와 도고와 감사를 하되 임금들과 높은 지위에 있는 모든 사람을 위하여 하라 이는 우리가 모든 경건과 단정함으로 고요하고 평안한 생활을 하려 함이라

Q 101

첫째 기원에서 우리는 무엇을 기도합니까?

고린도전서 10:31	그런즉 너희가 먹든지 마시든지 무엇을 하든지 다 하나님의 영광을 위하여 하라
시편 67:3	하나님이여 민족들이 주를 찬송하게 하시며 모든 민족들이 주를 찬송하게 하소서
데살로니가후서 3:1	끝으로 형제들아 너희는 우리를 위하여 기도하기를 주의 말씀이 너희 가운데서와 같이 퍼져 나가 영광스럽게 되고
로마서 11:36	이는 만물이 주에게서 나오고 주로 말미암고 주에게로 돌아감이라 그에게 영광이 세세에 있을지어다 아멘

증거구절

고전 10:31 | 시 67:3 | 살후 3:1 | 롬 11:36
계 4:11 | 골 3:17

A "이름이 거룩히 여김을 받으시오며"라는 첫째 기원에서 우리는 하나님께서 자기를 알리시는 모든 영역에서 우리와 다른 사람들이 그분을 영화롭게 하도록 해 주실 것, 그리고 모든 것을 하나님의 영광이 되도록 섭리해 주실 것을 기도합니다.

요한계시록 4:11   우리 주 하나님이여 영광과 존귀와 권능을 받으시는 것이 합당하오니 주께서 만물을 지으신지라 만물이 주의 뜻대로 있었고 또 지으심을 받았나이다 하더라

골로새서 3:17   또 무엇을 하든지 말에나 일에나 다 주 예수의 이름으로 하고 그를 힘입어 하나님 아버지께 감사하라

Q 102

둘째 기원에서 우리는 무엇을 기도합니까?

시편 68:1	하나님이 일어나시니 원수들은 흩어지며 주를 미워하는 자들은 주 앞에서 도망하리이다
로마서 16:20	평강의 하나님께서 속히 사탄을 너희 발 아래에서 상하게 하시리라 우리 주 예수의 은혜가 너희에게 있을지어다
데살로니가후서 3:1	끝으로 형제들아 너희는 우리를 위하여 기도하기를 주의 말씀이 너희 가운데서와 같이 퍼져 나가 영광스럽게 되고

증거구절

시 68:1 | 롬 16:20 | 살후 3:1
롬 10:1 | 벧후 3:12-13 | 계 22:20

A "나라가 임하시오며"라는 둘째 기원에서는 우리는 사탄의 나라가 멸망하도록 기도하며, 은혜의 나라가 흥왕케 되어 우리와 다른 사람들이 은혜의 나라로 들어와서 그 안에 머무르도록 기도하며, 또한 영광의 나라가 속히 임하기를 기도합니다.

오세요~

빨리 오시면
좋겠는데

오?   갈까?

로마서 10:1	형제들아 내 마음에 원하는 바와 하나님께 구하는 바는 이스라엘을 위함이니 곧 그들로 구원을 받게 함이라
베드로후서 3:12-13	하나님의 날이 임하기를 바라보고 간절히 사모하라 그 날에 하늘이 불에 타서 풀어지고 물질이 뜨거운 불에 녹아지려니와 우리는 그의 약속대로 의가 있는 곳인 새 하늘과 새 땅을 바라보도다
요한계시록 22:20	이것들을 증언하신 이가 이르시되 내가 진실로 속히 오리라 하시거늘 아멘 주 예수여 오시옵소서

Q 103

셋째 기원에서 우리는 무엇을 기도합니까?

하나님 뜻이
이 땅에서도 이루어지기를

시편 119:18	내 눈을 열어서 주의 율법에서 놀라운 것을 보게 하소서
에베소서 1:17-19	리 주 예수 그리스도의 하나님, 영광의 아버지께서 지혜와 계시의 영을 너희에게 주사 하나님을 알게 하시고 너희 마음의 눈을 밝히사 그의 부르심의 소망이 무엇이며 성도 안에서 그 기업의 영광의 풍성함이 무엇이며 그의 힘의 위력으로 역사하심을 따라 믿는 우리에게 베푸신 능력의 지극히 크심이 어떠한 것을 너희로 알게 하시기를 구하노라
마태복음 26:39,42	조금 나아가사 얼굴을 땅에 대시고 엎드려 기도하여 이르시되 내 아버지여 만일 할 만하시거든 이 잔을 내게서 지나가게 하옵소서 그러나 나의 원대로 마시옵고 아버지의 원대로 하옵소서 하시고 / 다시 두 번째 나아가 기도하여 이르시되 내 아버지여 만일 내가 마시지 않고는 이 잔이 내게서 지나갈 수 없거든 아버지의 원대로 되기를 원하나이다 하시고

증거구절

시 119:18 | 엡 1:17-19 | 마 26:39, 42
행 21:14 | 시 103:20-21

A "뜻이 하늘에서 이루어진 것 같이 땅에서도 이루어지이다"라는 셋째 기
원에서 우리는 하나님께서 그분의 은혜로 우리가 범사에 그분의 뜻을
기꺼이 알고 순종하고 복종할 수 있기를 하늘에서 천사들이 하듯이 하
게 해 달라고 기도합니다.

사도행전 21:14   그가 권함을 받지 아니하므로 우리가 주의 뜻대로 이루어지이다 하고 그쳤노라

시편 103:20-21   능력이 있어 여호와의 말씀을 행하며 그의 말씀의 소리를 듣는 여호와의 천사
들이여 여호와를 송축하라 그에게 수종들며 그의 뜻을 행하는 모든 천군이여
여호와를 송축하라

Q 104

넷째 기원에서 우리는 무엇을 기도합니까?

디모데전서 6:6-8 그러나 자족하는 마음이 있으면 경건은 큰 이익이 되느니라 우리가 세상에 아무 것도 가지고 온 것이 없으매 또한 아무 것도 가지고 가지 못하리니 우리가 먹을 것과 입을 것이 있은즉 족한 줄로 알 것이니라

잠언 10:22 여호와께서 주시는 복은 사람을 부하게 하고 근심을 겸하여 주지 아니하시느니라

증거구절

딤전 6:6-8 | 잠 10:22 | 잠 30:8-9 | 딤전 4:4-5

A "오늘 우리에게 일용할 양식을 주시옵고"라는 넷째 기원에서 우리는 하나님께서 값없이 주시는 선물로서 현세적인 좋은 것들의 합당한 몫을 우리가 받고, 또 그것들과 함께 우리가 하나님의 복을 즐거워 하기를 기도합니다.

받아라~

즐겁다~

잠언 30:8-9	곧 헛된 것과 거짓말을 내게서 멀리 하옵시며 나를 가난하게도 마옵시고 부하게도 마옵시고 오직 필요한 양식으로 나를 먹이시옵소서혹 내가 배불러서 하나님을 모른다 여호와가 누구냐 할까 하오며 혹 내가 가난하여 도둑질하고 내 하나님의 이름을 욕되게 할까 두려워함이니이다
디모데전서 4:4-5	하나님께서 지으신 모든 것이 선하매 감사함으로 받으면 버릴 것이 없나니 하나님의 말씀과 기도로 거룩하여짐이라

Q 105

다섯째 기원에서 우리는 무엇을 기도합니까?

Good job!

저도 용서했어요!

용서합니다

엄지척!

시편 51:1-2, 7,9	하나님이여 주의 인자를 따라 내게 은혜를 베푸시며 주의 많은 긍휼을 따라 내 죄악을 지워 주소서 나의 죄악을 말갛게 씻으시며 나의 죄를 깨끗이 제하소서 / 우슬초로 나를 정결하게 하소서 내가 정하리이다 나의 죄를 씻어 주소서 내가 눈보다 희리이다 / 주의 얼굴을 내 죄에서 돌이키시고 내 모든 죄악을 지워 주소서
요한일서 1:9	만일 우리가 우리 죄를 자백하면 그는 미쁘시고 의로우사 우리 죄를 사하시며 우리를 모든 불의에서 깨끗하게 하실 것이요
마태복음 18:23-35	그러므로 천국은 그 종들과 결산하려 하던 어떤 임금과 같으니 결산할 때에 만 달란트 빚진 자 하나를 데려오매 갚을 것이 없는지라 주인이 명하여 그 몸과 아내와 자식들과 모든 소유를 다 팔아 갚게 하라 하니 그 종이 엎드려 절하며 이르되 내게 참으소서 다 갚으리이다 하거늘 그 종의 주인이 불쌍히 여겨 놓아 보내며 그 빚을 탕감하여 주었더니 그 종이 나가서 자기에게 백 데나

A "우리가 우리에게 죄 지은 자를 사하여 준 것 같이 우리 죄를 사하여 주시옵고"라는 다섯째 기원에서 우리는 하나님께서 그리스도 때문에 우리의 모든 죄를 값없이 사하여 주실 것을 기도합니다. 우리가 그분의 은혜로 다른 사람들을 진심으로 용서할 수 있게 되었기 때문에, 우리는 이렇게 기도하도록 격려를 받습니다.

예수님의 십자가 은혜로
저의 죄를 용서해 주세요

리온 빚진 동료 한 사람을 만나 붙들어 목을 잡고 이르되 빚을 갚으라 하매 그 동료가 엎드려 간구하여 이르되 나에게 참아 주소서 갚으리이다 하되 허락하지 아니하고 이에 가서 그가 빚을 갚도록 옥에 가두거늘그 동료들이 그것을 보고 몹시 딱하게 여겨 주인에게 가서 그 일을 다 알리니 이에 주인이 그를 불러다가 말하되 악한 종아 네가 빌기에 내가 네 빚을 전부 탕감하여 주었거늘 내가 너를 불쌍히 여김과 같이 너도 네 동료를 불쌍히 여김이 마땅하지 아니하냐 하고 주인이 노하여 그 빚을 다 갚도록 그를 옥졸들에게 넘기니라 너희가 각각 마음으로부터 형제를 용서하지 아니하면 나의 하늘 아버지께서도 너희에게 이와 같이 하시리라

마태복음 6:14-15　너희가 사람의 잘못을 용서하면 너희 하늘 아버지께서도 너희 잘못을 용서하시려니와 너희가 사람의 잘못을 용서하지 아니하면 너희 아버지께서도 너희 잘못을 용서하지 아니하시리라

Q 106

여섯째 기원에서 우리는 무엇을 기도합니까?

마태복음 26:41	시험에 들지 않게 깨어 기도하라 마음에는 원이로되 육신이 약하도다 하시고
시편 19:13	또 주의 종에게 고의로 죄를 짓지 말게 하사 그 죄가 나를 주장하지 못하게 하소서 그리하면 내가 정직하여 큰 죄과에서 벗어나겠나이다
요한복음 17:15	내가 비옵는 것은 그들을 세상에서 데려가시기를 위함이 아니요 다만 악에 빠지지 않게 보전하시기를 위함이니이다

마 26:41 | 시 19:13 | 요 17:15 | 고전 10:13

A "우리를 시험에 들게하지 마시옵고 다만 악에서 구하시옵소서"라는 여섯째 기원에서 우리는 우리가 죄에 빠지지 않게 하나님께서 우리를 지켜 주시기를, 또는 우리가 시험당할 때에 우리를 도와주시고 건져 주시기를 기도합니다.

고린도전서 10:13 사람이 감당할 시험 밖에는 너희가 당한 것이 없나니 오직 하나님은 미쁘사 너희가 감당하지 못할 시험 당함을 허락하지 아니하시고 시험 당할 즈음에 또한 피할 길을 내사 너희로 능히 감당하게 하시느니라

Q 107

주기도문의 맺음말은 우리에게 무엇을 가르칩니까?

나라 + 권세 + 영광

Kingdom

천사 보좌 천사

영원히~ 하나님께~

다니엘 9:9

주 우리 하나님께는 긍휼과 용서하심이 있사오니 이는 우리가 주께 패역하였음이오며 / 나의 하나님이여 귀를 기울여 들으시며 눈을 떠서 우리의 황폐한 상황과 주의 이름으로 일컫는 성을 보옵소서 우리가 주 앞에 간구하옵는 것은 우리의 공의를 의지하여 하는 것이 아니요 주의 큰 긍휼을 의지하여 함이니이다 주여 들으소서 주여 용서하소서 주여 귀를 기울이시고 행하소서 지체하지 마옵소서 나의 하나님이여 주 자신을 위하여 하시옵소서 이는 주의 성과 주의 백성이 주의 이름으로 일컫는 바 됨이니이다

단 9:9, 18-19 | 대상 29:11-13
계 22:20-21 | 고전 14:16

A "나라와 권세와 영광이 아버지께 영원히 있사옵나이다 아멘"이라고 하는 주기도문의 맺음말은 우리가 기도에 있어서 오직 하나님으로부터 용기를 얻을 것과, 우리의 기도에서 나라와 권세와 영광을 그분에게 돌리면서 그분을 찬양해야 한다는 것을 가르칩니다. 그리고 우리 간구를 들으심에 대한 확신의 증언으로서 우리는 "아멘"이라고 말합니다.

역대상 29:11-13   여호와여 위대하심과 권능과 영광과 승리와 위엄이 다 주께 속하였사오니 천지에 있는 것이 다 주의 것이로소이다 여호와여 주권도 주께 속하였사오니 주는 높으사 만물의 머리이심이니이다 부와 귀가 주께로 말미암고 또 주는 만물의 주재가 되사 손에 권세와 능력이 있사오니 모든 사람을 크게 하심과 강하게 하심이 주의 손에 있나이다 우리 하나님이여 이제 우리가 주께 감사하오며 주의 영화로운 이름을 찬양하나이다

요한계시록 22:20-21   이것들을 증언하신 이가 이르시되 내가 진실로 속히 오리라 하시거늘 아멘 주 예수여 오시옵소서 주 예수의 은혜가 모든 자들에게 있을지어다 아멘

고린도전서 14:16   그렇지 아니하면 네가 영으로 축복할 때에 알지 못하는 처지에 있는 자가 네가 무슨 말을 하는지 알지 못하고 네 감사에 어찌 아멘 하리요